LOCUS

LOCUS

LOCUS

LOCUS

Smile, please

smile 173
專家之路：
從學徒到大師
作者：羅傑・倪朋（Roger Kneebone）
譯者：許恬寧
責任編輯：潘乃慧
封面設計：林育鋒
校對：聞若婷
出版者：大塊文化出版股份有限公司
台北市 105022 南京東路四段 25 號 11 樓
www.locuspublishing.com
讀者服務專線：0800-006689
TEL：(02)87123898　FAX：(02)87123897
郵撥帳號：18955675　戶名：大塊文化出版股份有限公司
法律顧問：董安丹律師、顧慕堯律師

總經銷：大和書報圖書股份有限公司
地址：新北市新莊區五工五路 2 號
TEL：(02) 89902588　FAX：(02) 22901658
初版一刷：2021 年 8 月
初版三刷：2022 年 6 月

定價：新台幣 400 元
Printed in Taiwan

—— 從學徒到大師 ——

專家之路

EXPERT: UNDERSTANDING THE PATH TO MASTERY

從拜師、出師到專精，踏上與「習藝」密切結合的人生旅程。

羅傑・倪朋 Roger Kneebone——著

許恬寧——譯

本書謹獻給杜希亞（Dusia）

目次

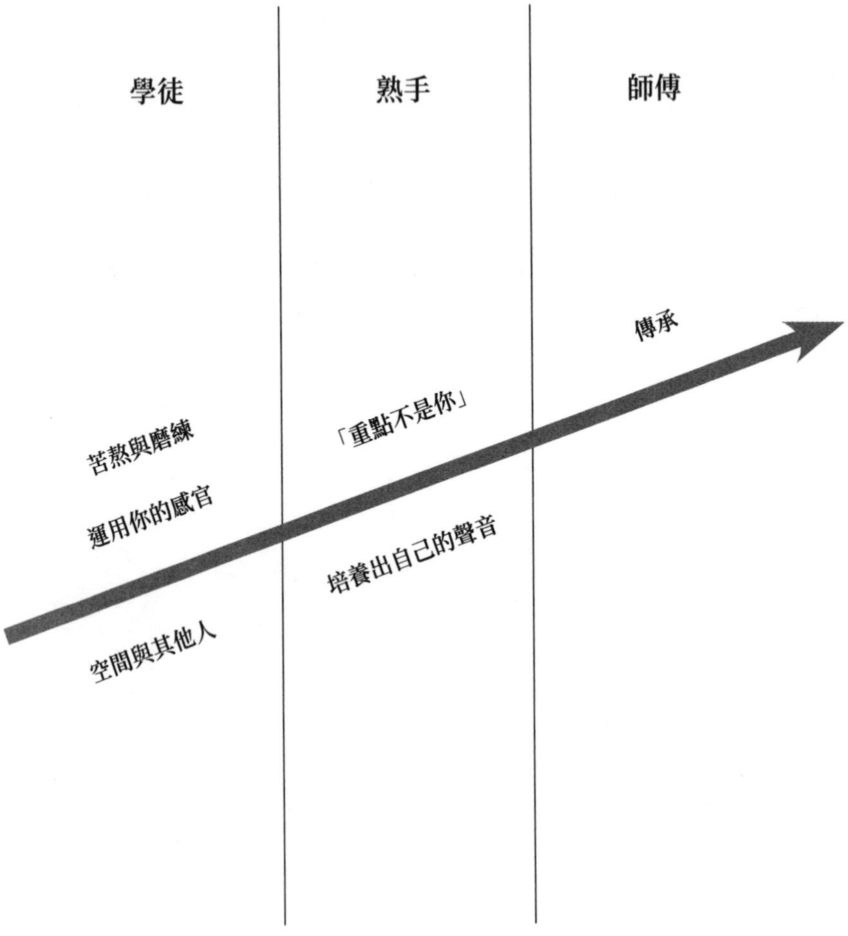
學徒
熟手
師傅
傳承
「重點不是你」
苦熬與磨練
運用你的感官
培養出自己的聲音
空間與其他人

1 專家與看不見的魚

我拜訪德瑞克．弗郎頓（Derek Frampton）的那一天，他正在替雲豹擺姿勢。我從來沒看過雲豹，牠像隻坐著的大貓，尾巴蜷曲一旁，凝視著一隻小豹子，就好像下一秒，小豹子就會蹦蹦跳跳玩耍起來。這對母子栩栩如生，我不敢相信牠們是標本。

德瑞克是標本製作師，是業界的第一把交椅。他邀請我到家中看他如何工作。我們站在他的「陳列室」，裡頭熱鬧極了，五花八門的動物齊聚一堂。玻璃櫃裡滿是飛禽走獸，密密麻麻，每一寸角落都被占據。一張桌子上，快完工的長尾鸚鵡，雙翅用細線固定好姿勢；鱷魚盤據另一張桌子，吻部大開，眼看就要一口咬下獵物。在日光的照射下，一旁的樹蛙閃閃發亮，身軀五彩斑斕。除了氣氛有幾分詭譎，時光凍結，不然真像身處在動物園裡。

我這次專門拜訪德瑞克，原因是他是英國首屈一指的業界專家。我對專家特別感興趣，希望能多認識幾位。德瑞克搬開椅子上製作到一半的石龍子，挪出地方讓我坐下，開始講解剝製標本包含了哪些步驟。

德瑞克口中的流程直截了當。你就移除動物的皮，用石膏模型重製軀幹的形狀，最後覆蓋上皮毛就完成了。德瑞克讓我看一張斑馬皮，鬆垮垮地堆在角落。我請教在最後階段，石膏塑型的部分要怎麼做，德瑞克回答：「很簡單，你就雕塑一匹相同大小的斑馬，然後把皮放回去。」

「很簡單」幾個字是關鍵。如果你想擁有一匹斑馬，**很簡單**，你就雕刻出同尺寸的石膏像就可以了，這還用說嗎？然而，對我來講那是異世界，我一頭霧水，而那正是德瑞克是專家的原因。

德瑞克告訴我，剝製標本不是一門科學，也不是工藝或藝術，而是三者合而為一。標本製作是科學的原因在於，必須精確、仔細觀察，還原度高到足以成為科學研究的範本。日後的動物學家將參考德瑞克製作的標本，因此細節必須掌握得相當精確：哺乳動物的顏色、魚鱗、爬蟲的牙齒等等，全是辨識新物種與追蹤動物數量下降情形的關鍵。此外，製作標本也是一門工藝。德瑞克在一生的職涯中逐漸累積技術，有辦法剝除動物的皮毛，用蠟或石膏重塑物種的特殊形體。此外，藝術串起了一切，雲豹媽媽看起來彷彿正要彎身舔小寶貝。德瑞克是專家，因此他有辦法融會貫通，運用智慧與關照之心，在每一次全新的情境中隨機應變。本書要談的正是這樣的專家修練之路。

成為專家是什麼意思

我本身是醫生，醫學同樣不是純科學，也不是工藝或藝術，而是三者合一。當然，醫學的根基是科學，那部分讓學生時代的我，花了很長的時間學習事實性的知識。工藝的部分則涉及我如何執業，替病患看診、動手術，在診間內對話。藝術的層面包括我如何察覺每一位病患的狀況，釐清他們交給我的問題。乍看之下，我和德瑞克似乎沒有什麼共通點，剝製標本與醫學完全是兩個世界，但其實不然。

德瑞克解釋完基本原理之後，帶我到他的工作室。那裡就像鍊金術士的實驗室，處處是進行到一半的標本，擺著林林總總的動物——鳥類、哺乳類動物、各種魚類、爬蟲，大大小小的生物處於不同的標本準備階段。工作台上擺著一隻睡鼠，牆上掛著一顆大猩猩的頭，角落立著羚羊軀幹。空氣中瀰漫著黏膠與石膏的氣味，隔壁房間還傳來咯咯聲響。

房間中央有一個木箱，裡頭存放著德瑞克最珍惜的工具，是他從師傅那接手的傳家寶，數量不多，已經服役數十年了。箱子和發條留聲機差不多大小，有兩個黃銅把手的抽屜。上方是轉盤，有一隻迷你陶土蛙，旁邊則擺著德瑞克的幾把雕刻工具。德瑞克可以一邊緩緩轉動轉盤，一邊製作青蛙等各式標本，而不必擔心把它們弄壞。四周全擺著德瑞克會用到的材料。他的工作室是科學、工藝與藝術的交會點。

德瑞克已經當了四十五年的標本師，從長頸鹿到鼩鼱，科摩多龍到魚類，什麼都製作過（他稱之為「經手」）。博物館、動物園、私人收藏家，都搶著請他幫忙。德瑞克的工作主要是製作新的標本，但他也會協助保存科學收藏中的動物與鳥類樣本，那些物種今日正在消失當中，甚至是絕種。專業的剝製標本師和他們保存的許多動物一樣，都十分罕見。

我問德瑞克是如何踏進這一行，他自述在學生時代喜歡美術課，手很巧，但是有閱讀障礙，學業碰上困難。十二歲那年，他在路邊撿到一隻死去的黑鸝，他把牠帶回家後，試著畫下來。德瑞克對那隻鳥的解剖構造十分感興趣，精巧的翅膀結構令他著迷。從那時起，他就大量蒐集動物屍體，只要沒被母親抓到，他會盡量描繪、勾勒出精確的圖。德瑞克提到十六歲時突然靈機一動，發現自己其實不必侷限於動物被撿到時的死狀，可以替牠們擺好姿勢再畫。就這樣，德瑞克一路走下去，最後來到倫敦的自然史博物館（Natural History Museum）擔任標本製作實習生，在館內工作多年後自立門戶。

不是每個人都和德瑞克一樣，有辦法成為專家級的標本師，也不是每個人都想從事這一行。然而，找出德瑞克以及各領域和他相似的人，挖掘他們是如何成為專家，卻和我們所有人都有關係。**身為**專家是什麼意思？怎麼樣才能成為專家？為什麼德瑞克躋身**專家**，而不僅僅是擅長做一件事而已？

我們都能成為某件事的專家，不過頂多侷限在一、兩個領域。成為專家的前提是投入你選定的領域，屏除令人分心的事物，專心致志，年復一年。那是一個非常漫長、相當磨人的過程，必須投入大量的心血，一路上還會處處遇到挫折。這樣的常識似乎不必特別拿出來講，但往往是人們忘卻的事實。我們身處的世界要求立即見效。此外，我們被灌輸能力是天生的概念，要是看不出你具備某件事的資質，那就不值得投入，但我認為這些想法的真實性有待商榷。朝著成為專家的路邁進，本身就會帶來報酬：逐步接近成為大師的目標，心中將湧出深深的滿足感——此外，後文會再談到，精進自己其實可以滿足基本的人類需求。再說了，要是沒試過，怎麼知道自己有多少才華呢？

這本書要講什麼

本書會談專家，也談成為專家是怎麼一回事。我著迷於「專家」這個主題的時間，已經久到記不清了。我多年觀察專家，和他們對談，一起合作，思考他們的行為模式，向他們學習，為他們的成就而驚嘆。過去幾年，我在大學的教學與研究同樣集中在這個主題。我閱讀其他人書寫的材料，從個人與群體的角度，探索人類如何成為專家的理論。我花了無數個小時，待在各領域的世界級頂尖專家身旁，試圖深入瞭解他們是如何成為今日的他們。在探究過程中，我感興趣的是人——令我感到著迷的，不是抽象的「專家知識」，而是專家本人。

擁有專業級知識和「作為專家」，其實是兩回事。我本人算專家嗎？在外界眼中，我大概看起來像是。我取得醫師資格的時間已經超過四十年。下一章會提到，我後來選了外科這個專科，升上主任醫師，在英國與南非執業多年。再後來，我跑到英格蘭西南的鄉下小鎮，當了近二十年的家庭醫師。今日我是倫敦帝國學院（Imperial College London）的教授，教學與研究並進，主要研究「專家」這個主題。然而，我不**認為**自己是什麼專家，我感到才剛開始明白自己一生的經歷。不過話說回來，我訪問過的許多專家也提到類似的感受。

專家做的事大都不易看見，就連自己也沒察覺。身為專家，與你如何思考和理解事物有關，那是一連串內在過程呈現的結果，讓你成為你；你不僅是由你創造出來的事物所定義。我們鮮少見到專家是**如何**成為專家。我們或許體驗到他們製作的成品或所做的事，但不會看見他們是如何走到今日。我們有辦法在演奏廳觀賞某個人的小號獨奏，但看不見一氣呵成的樂聲背後，其實是一生的練習。當我們盯著畫廊裡的一幅畫，我們看不見背後成千上萬次的習作。然而，如果想成為專家，就得走過很長的一條路。本書要講的就是那個過程。

我試著找出是哪些元素讓專家成為專家，努力將他們表面上的輕鬆自在、對素材的掌握、直覺式的判斷力、認識事物與做事的方式、隨機應變的能力，化為文字。我試圖捕捉專家是如何投入超越自身的崇高事物。這是一項困難的任務。「當專家」這種事只能親身實踐，無法言傳，主要只能靠意會。唯有試著親身做專家做過的事，才會感受到他們究竟有多厲害。專家讓一切顯得輕而易舉，不費吹灰之力。

事情就像傳說中的那個故事，一名經驗老到的鍋爐工，修好壞掉的暖氣系統。只見他到了現場，問了幾個問題，聽了聽暖氣系統的聲音，從工作褲口袋掏出一把錘子，往管子上那麼用力一敲，暖氣就再度運轉。鍋爐工收工回家，整件事只花了幾分鐘，但他寄帳單給客戶時，竟索取五百英鎊。客戶氣急敗壞，只不過是拿鍾子敲那麼一下，居然要收那麼多錢，他要求列出明細。鍋爐工回覆：「拿錘子敲一下：五英鎊。知道要敲哪個地方：四百九十五英鎊。」

看不見的魚

好吧，那要如何判斷某個人是不是專家？有時候，一眼就能認出來。我們體驗他們端出的工作成果，有辦法自行下判斷——例如在音樂廳、戲院或展覽會場，或是看到德瑞克的標本作品時。我們有時沒見到對方是怎麼做，純粹是信任他們的專業技術，例如外科醫師、主廚、建築師。這樣的專家顯得很神祕，大部分的人自知一輩子都做不來他們所做的事。

其他的專家則在我們身旁，只不過我們通常沒留意。我們的車子是高明黑手修好的，新浴室是水電師傅裝修的，但人們往往沒意識到這群人也是專家。車子和浴室是過分熟悉的事物，要弄好沒有什麼，我們習慣把相關人士的專業技能視為理所當然，很少多加細想。然而，這類型的工作同樣需要累積數十年的經驗，才能開花結果。

專家做的事具有多少價值，很大的程度要看我們如何認定，而這往往會帶來錯誤的結論。在許多人心中，外科醫師、機師、在音樂會上表演的鋼琴家，自然是一流的。至於修車廠的技師與水電工，地位則遠遠沒那麼崇高。然而，專家的本質超越了這種無用的階級畫分——身為專家的重點是，你有辦法抓到問題的核心，以高超的技巧與判斷力用心解決。

人們會低估專家的原因，部分出在「熟悉生輕慢」——還有一種可能是完全不瞭解，所以沒感覺。標本製作離多數人的經驗太遠，因此德瑞克的專業顯得一目瞭然。刷天花板的油漆工、切割窗框的木工，同樣得讓大量的藝術才能、手工藝技術與科學派上用場，才能做好工作，但由於天花板與窗框太隨處可見，我們沒意識到這些工匠的專業度。事實上，木匠需要動用的熟練度與精確度，與外科醫師不相上下，他們都走過磨練技能的過程。然而，階級制度把外科醫師置於木匠之上，兩者的共通點因此被掩蓋住，但是不是專家，並不是看你身處哪個領域，重點是你必須做哪些事才能成為專家。

也因此，成為專家的法則，所有人都適用。不論是開車、打網球、出版、會計、使用電腦鍵盤、演奏樂器，我們每個人各有興趣與技能。然而，不論寫的是電子郵件，還是交響樂譜，我們比較容易看出他人厲害的地方，卻看不出自己的長才。儘管如此，雖然專家通常藏在角落裡，只要刻意觀察，依舊看得到。

這就像在觀察自然界。有一天，我和老友走在河堤旁。我這個朋友很喜歡釣魚，他試著解釋為什麼自己這麼熱中。「其實重點不是釣魚，」他告訴我：「觀察才是重點。」我不懂他在說什麼。我們走到一個河灣，他指著河面說：「在那裡，看到了嗎？」我沒看到任何特別的東西，只見水面上有幾片樹葉上下浮動，陽光下聚集了幾隻蒼蠅。「你看，一大堆。」我朋友說，一一細數他看到哪幾種魚，我卻連條魚的影子都沒見著。「別急，放輕鬆，看一陣子就會看到了。」我朋友解釋。

我站在河堤上，放鬆視線。漸漸地，我發現先前以為是河面影子的地方，其實有魚在游來游去。我認不出是什麼魚，但開始注意到牠們。我朋友從小就釣魚，他將迷你的線索拼湊起來，就知道發生了什麼事。線索交織成一種他懂、我不懂的語言。水面的漣漪、起伏的影子、閃爍的陽光、蒼蠅掠過水面的模式——我朋友知道如何詮釋這所有的一切，他明白那代表什麼意思，甚至有辦法區分不同種類的魚。

專家就像這些看不見的魚——他們在我們身旁，但我們視而不見。他們對自己的成就通常很謙虛，不覺得有什麼。這本書接下來會像我朋友那天所做的一樣，指出魚的所在地。那些魚看不見，但圍繞在我們身旁，與我們生活在一起。我將解釋如何辨識出專家，探索專家具備的特質，自問我們如何能在人生中模仿他們。

研究專家是一項大挑戰，因為專家對於自己做的事，通常說不出個所以然。他們已經練到不知不覺間就做到了——連本人也無從解釋起，幾乎不可能言傳。如果到工作室、工作坊、表演空間、診所或手術室拜訪專家，你可以看到他們的工作情形。即便如此，你很難體會專家做的事有多細膩，很難知道他們是如何下判斷，也無從得知他們工作時運用了哪些聰明才智。

你可能會好奇要如何找到你會有共鳴的專家，把他們的經驗套用在自己身上。如果專家是看不見的魚，那怎麼可能看得到？一個方法是去已知有魚的地方，找到他們聚集的河灣，像是英國的「藝術工作者協會」（Art Workers' Guild）。

我是在無意間發現這個協會。幾年前，我在倫敦市中心的布魯姆斯伯里區（Bloomsbury）閒晃，一路走到女王廣場（Queen Square）。這個地方在醫學界赫赫有名，好幾間知名的醫院都在那裡，包括大奧蒙德街兒童醫院（Great Ormond Street Hospital for Children）與國家神經病學和神經外科醫院（National Hospital for Neurology and Neurosurgery）。我的視線被六號大門上的美麗彩繪招牌吸引住，上頭寫著：「藝術工作者協會」。那天恰巧碰上倫敦舉辦「花園廣場開放週末」（Open Garden Squares Weekend），數百個組織對路過的行人敞開大門。花園廣場六號的門半掩著，我推門走進去，踏進另一個世界。

我得知藝術工作者協會創始於一八八四年，機緣是年輕的設計師與建築師希望結合美術與應用藝術，賦予兩者平等的地位。當時是美術工藝活動（Arts and Crafts movement）的年代，威廉．莫里斯（William Morris）是協會的早期會長，他除了帶領這場運動，自己同時身兼藝術家、織品設計師、作家與社會運動者。藝術工作者協會今日歡迎六十多個領域的專家，包括陶藝、植物插畫、肖像雕塑、建築繪畫、裝飾石膏與首飾製作。大部分的專家團體，所有成員都從事同一種職業，例如銀匠協會、玻璃吹製協會、畫家協會或醫生協會。藝術工作者協會則相反，成員來自各行各業，我在本書介紹的眾多專家都是會員。

我對這群藝術工作者深感好奇。他們全是具備高超技藝的個人——唯有業界最頂尖的人士才會受邀入會。然而，從團體的角度來看，這群人擁有共同的信念，他們深信做出好東西的重要性，也以耗費多年時間掌握一門困難的技藝自豪。他們每一位都很不尋常，有的更是超凡脫俗。我在首度拜訪後，幾年間與他們相處的時間愈來愈長，最終也

學徒模式

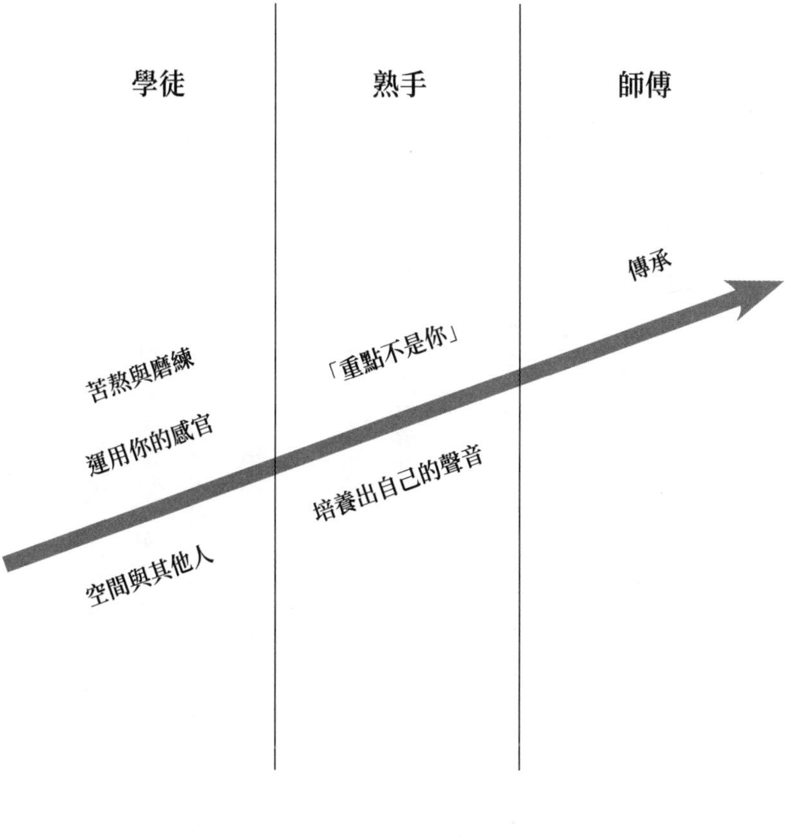
學徒
熟手
師傅
傳承
苦熬與磨練
運用你的感官
空間與其他人
「重點不是你」
培養出自己的聲音

受邀入會。

我因為和協會人士以及各界的專家相處（包括本書即將提到的例子），得以深入瞭解他們的工作。即便他們每個人從事的行業都與醫學無關，我看出他們與我的經驗有相似之處。於是，我得以測試與專家之路有關的想法，日後演變成各位將在本書讀到的內容。我的人生為了當醫生，也曾踏上成為專家的道路，我發現上頁這張圖正好與其他人的經歷互相呼應。

本書的核心概念是學徒模式。學徒模式在歐洲盛行了數百年，世界各地也有類似的制度。講到學徒，許多人會聯想到中世紀的行會制度，你想成為工匠（「工匠」〔craftsman〕一詞是歷史悠久的詞彙，雖然英文字尾是「男性」〔man〕，今日當然男女皆有），就得加入行會。儘管社會、政治、產業等各方面的變遷已經讓英國的許多學徒制消失，這個模式依舊能輔助我們思考何謂「專家」。歷史上，學徒制是指學習一門技藝或行業，但我認為也適用於各種專家，不論是標本師、教師、水電工或駕駛。多數人不曾細想，但直覺就能懂這個模式。關鍵在於學徒模式帶有逐步前進的意涵，所以我借用這個模式，作為貫穿本書的架構。

傳統上一共有三階段——學徒（Apprentice）、熟手（Journeyman）、師傅（Master）。*當然，今日的社會情形，早已相當不同於中世紀的歐洲。學徒再也不必睡在師傅家的爐灶後頭，也不必多年無薪工作，但對於所有想成為專家的人來講，這樣的三階段依舊提供了一份路線圖。

一、學徒：起步時，你什麼都不懂。看別人怎麼做，就跟著做，努力在師傅的工作坊裡學習大家是怎麼做事。你做出來的東西若有任何錯誤，責任在師傅身上；要是做得好，功勞也歸師傅。

二、熟手：你以獨立專家的身分展開職業生涯，離開師傅的工作坊，在國內各地尋找生計。在這個階段，你做出來的東西由自己負責。要是犯錯，後果自行承擔。你持續累積經驗，不斷精進並拓展技術，找到屬於自己的一片天。

三、師傅：最後，你成立自己的工作坊，開班授徒，把知識與長才傳授給未來的世

＊這幾個詞彙，如果文中採用英文大寫，指的是詞彙的常識性用法，不必特別指出，「熟手」（Journeyman）這樣的詞彙，英文的字面意思雖是指男性，如今已是男女通用。當我使用小寫則是指今日的用法，如業界的「見習」方案（apprenticeship programme），或是在其他脈絡下談「精通」（mastery）。（譯註：譯成中文時，已依據上下文選擇適當詞彙。）

代，盡一己之力，提攜向你學習的後進；你對自己的領域有著更多的照顧責任，有時甚至能將業界帶往新的方向。

這三種階段可以協助我們思考技藝的習得，但只能描述出狀態，無法提供解釋。三段式分法點出一條路上的不同路段，但沒說出如何更上一層樓，也沒告訴你如何知道已經抵達。三階段把過程分成三段，就好像它們靜止不動，只計算了能計算的東西，但重要的事大多無法計算。一路上，不只是你能做到的事產生變化，你整個人也不同了，但從外在看不見這個過程，難以量化，甚至連自己也沒能察覺。

許多研究側重「專業技能」，從客觀的特性與能力出發。「專業技能」與「習得那項技能的人」被當成兩回事。專業技能指的是有辦法接好鳩尾榫，或是把籃球投進籃框，但我感興趣的是內在發生的事：**成為**專家是什麼意思，身為**一位**專家，獲得同儕、民眾及外在世界的認可，又是什麼意思。我想知道學會鳩尾榫的那個人發生了什麼事，而不是他如何成功卡榫。

敘述性的文字很少能提供內部人士的觀點，不會告訴你如果想成為專家，你可以預期接下來會發生哪些事、該把力氣放在哪裡。此外，那樣的文字也不會告訴你要花多少時間，或是一路上會遭遇的難題，因此我把「學徒－熟手－師傅的模式」拆成更小的步驟——分析成為專家的內心故事。這些步驟構成本書的各章節。我在第二十一頁的圖，將那些步驟放進「學徒－熟手－師傅」的架構。當然，這些步驟不一定會依序出現，各個階段通常會彼此重疊，但依舊可以一窺大致的情形。

一、學徒

出發時，你背負的責任是學習。你身處別人的世界，學習以他們的方法做事，他們為你做的表現負責任。我稱這個步驟為**「苦熬與磨練」**（Doing time）。此時你把重點擺在自己身上——專注於正在學習的知識與技能。人總有犯錯的時候，在這個階段犯錯會有人替你擦屁股，包括你的工作與你本人受到的影響。你成為實務社群（community of practice，譯註：指一群人因為志同道合聚在一起，一起學習與分享，又譯「實踐社群」）的一員，社群裡的人已經在做你想學習的事。社群通常會提供支持的力量，即便你在當下的體驗可能不是那樣。人們預期你不會脫離既有的做事方法，不期待你嘗試新事物，甚至不允許你偏離常軌。你的責任是服從，不是創新。工作內容既重複又無聊，辛辛苦苦做一些瑣碎的事，甚至不懂到底為什麼要做。

下一個步驟是**「運用你的感官」**（Using your senses），此時是苦熬與磨練開花結果的時刻：你逐漸理解你學著做的工作，熟悉你開始定居的世界。你學習這個世界的運作方式，除了動用雙手和身體，也運用你的感官、你的心來體會自己的工作。不論是努力成為石匠或醫生、上夜校學製帽、成年後才學吹雙簧管，或是進修成為律師、電影製作人、會計師或任何職業，都會碰上這個步驟。

第三個步驟是**「空間與其他人」**（Space and other people），也就是系統性利用工作上的材料與工具——套用餐廳主廚的術語來講，讓一切「各就各位」（mise en place），蒐集與擺放好做菜所需的一切食材。在這個階段，你開始留意工作時身邊的其他人，如同事、病患、顧客、客人。你學著進入他人的個人空間，在那個空間工作。

到了這個步驟，你已經準備好脫離學徒階段。隨之而來的是**「犯錯與修正」**（Getting it wrong and putting it right）。犯錯是不可免的，但目前為止，由於你是新手，大家比較寬容，原本就預期你會出錯。你的環境經過安排，好讓你、你的同事、你的工作空間，不會因為你犯錯而承受後果。你起步時，先負責不重要、可以取代的材料。當你偏離正軌，會有人點撥你，教你如何修正。你處於安全的空間。然而，到下一個階段，事情開始產生變化。

二、熟手

現在你開始獨當一面——你要替你做的工作與人們的反應負責。從學徒變成熟手，將帶來兩個重要的變化。我把第一項稱為**「重點不是你」**（it's not about you），這句話借自我合作過的魔術師。這個轉變非常大，你的注意力不能再放在自己身上。專家的工作包含**替別人**做某些事，外頭有受眾——也就是體驗你的工作成果的一至多人，即便你不一定會直接見到這些人。如果是音樂會、足球賽或戲劇，誰是受眾很明顯。此時，專家與受眾處於相同的時空，專家做的事立即被同步體驗到。然而在其他領域，受眾與你並不處於相同的時空，你的工作是非同步的。陶藝匠在工作室製作花瓶時，可能沒人在一旁觀看，但他們的目標依舊是讓作品被世人知曉，不論是擺放在商店、展覽或陳列室。儘管製作過程發生在沒人看見的情況下，永遠有受眾，即便那些受眾是理論上存在、遠在天邊，或是製作者完全不認識。

不論你是藝術家、科學家、臨床醫師，還是技師，在這個階段要把注意力從自己身上移開，「從你轉換到他們。」「他們」指的是體驗你的工作的人——你的觀眾、病患或顧客。這是一次關鍵的轉換，但不一定會發生在專家之路的特定時刻，有時根本不會發生。你有可能技術傲視群倫，但只看得見自己；失去初衷，迷失本心。我的行業偶爾會出現黑心醫師，動不必要的手術，或是未經病患同意就進行實驗。這類醫師通常醫術高明，但扭曲了行醫的目的，把自己看得比病患還重。

第二種轉換是**「培養出自己的聲音」**(developing voice)。這裡我借用了爵士樂的詞彙，也就是樂手培養出個人的音樂特色。身為表演者的你，不再是別人機器中的小齒輪，能夠創造出專屬於你的專家級音樂。你樹立風格，發展出屬於自己的東西。現在你自行打造作品，放上簽名。你替自己負責，你就是你。這麼做需要自信，也需要相信自己。那是一個很難察覺的過程，必須和「重點不是你」同時進行，才不會變得自負或自我中心。你必須平衡正在萌芽的專家身分，隨時把你是為了誰工作放在心上。做到這一點之後，你成為獨立的個體，而體驗到你的工作成果的人士也認可了你。

發生前述兩種轉換時，還得**「學習臨場發揮」**(Learning to improvise)。這下子由你替工作的成敗負起責任，隨機應變。你可能和我以前一樣，帶領手術團隊。你可能以科學家的身分發展自己的研究，或是成立事業。你可能在公眾面前表演、寫小說或領導旗下部門。不論身處哪個領域，你將碰上突如其來的事件。出錯時，由你負責搞定。在此同時，你是熟手，你有自由。你可以開發新點子、挑戰原本的作法，在作品蓋上個人印記。後文會再詳談，有時候在沒人預料到或策畫的情況下，偶然出現的靈光一閃將帶來最具創意的一飛沖天。即興是成為專家的特徵。

三、師傅

你在花了極長的時間鑽研的領域，已經成為專家。此時有的人會更進一步，為自家領域帶來新氣象，走向不同的境界。我會在**「改變方向」**（Changing direction）的章節，檢視重塑自家領域、帶往新方向的含義。本書提到的許多專家都達成那樣的任務，其中一位是研發微創手術的約翰．韋克漢（John Wickham），他讓外科出現了大轉向。

在**「傳承」**（Passing it on）這個最後的步驟，你向其他人分享你的專業知識，協助他們成長。此時再度需要「從你轉換到他們」，但這一次的「他們」是指和你同領域的人，包括你的小組或實務社群裡的學生、學徒、同事。傳承將迫使你釐清思緒，清楚說明自己做的事，去蕪存菁，將多年的專業技術濃縮成可以與人分享的事。不是所有專家都會以正式的方式傳承，成立教學事業或工作坊，實際這麼做的專家並不多。

這是你扛起責任的時刻，你在其他人學習時指導他們。學生不免犯錯時，你把責任攬在身上。萬一出錯，你出來扛。你也可以用其他方式「傳承」，例如寫書或部落格文章，或是在電視、廣播、網路上分享你的專業。不論採取哪種形式，傳承是成為專家的標誌，讓世人看見你有值得分享的東西。

成為師傅不只是傳授自己知道的事，也是一種照顧關係。你是導師，是教練，也是老師。你替追隨你的人負起責任，為你的領域帶來貢獻。你通常會產生使命感，關切你強烈相信的事業能否永續。許多專家會加入董事會或教學團隊，協助學習團體或個人。專家之路永無止境，但師傅永遠在和時間賽跑。

成為專家的旅途聽上去比實際上簡單。專家通常不會意識到自己已經成為專家，或者自稱專家，尤其是這條路永無止境，你很難知道自己何時已經抵達專家的階段。另一種可能是，你是某些領域的專家，但在其他領域不是。

專家本人通常最晚才認定自己是專家。他們老是覺得自己是冒牌貨，永遠在想何時會被識破，還很訝異別人居然想跑來向他們學習。專家或許不會感到自己抵達「師傅」的境界，但不代表他們不是專家，只代表「成為專家」不同於「擁有專業技能」，這通常需要由別人來發現箇中差異。

從新手到專家的旅程並非直線道路，各個階段很少會像我說的那樣明確分段。這段路走走停停，步履蹣跚，通常感覺像是前進一步又後退兩步。「成為專家」和身分認同有關，和**成為**標本師、裁縫或電腦工程師有關，不光是有辦法做相關人士做的事而已。

這是一個難以捉摸、但相當重要的區別，涉及本體轉換（ontological shift）。不只是你能做的事變了，你是誰也變了。這樣的身分建構會花上很長一段時間，有可能很嚇人。一路上的體驗帶來深遠的影響：犯下嚴重錯誤，有可能讓你愈挫愈勇，也可能一蹶不振；責任變多，有可能拓展新的地平線，也可能產生不安感，令你綁手綁腳。一切的經歷積累起來，形塑著你將成為的人。

本書描述的道路從「一無所知」出發，最後走到「傳授一生的智慧」。如果你事先知道要耗費無數年才能抵達，就比較不會因為不順利而幾個月就放棄。一路上會有顛簸——長期感到無聊或沮喪；似乎缺乏任何進展，前途黯淡；到了某些時間點，你會很想乾脆放棄；如果此時有地圖在手，你將能堅持下去。雖然下雨時，有地圖無法讓你不被淋濕，但至少不會迷路。

一夜之間成為專家是不可能的，這需要花費很長的時間、很多的努力。不願意投入心血，就不可能成為專家。然而，究竟需要多少時間？到底要多努力？這個問題不可能回答，很大的程度要看每個人的情形。我在接下來的章節，會整理成為專家的各種故事，試著分析當事人共同的經歷。有的故事，與專家必須培養的技能有關，談專家如何學著觀察及動手做。更重要的是，他們的思考發生轉變，一路上更加瞭解自己。

我們很難確切說明成為專家是怎麼一回事，沒有一個明確的你「抵達」的時刻。你永遠都處於成為專家的狀態，在某些領域超前，在某些領域落後。真正的專家就是那樣。他們永遠不滿意自己到達的境界，永遠意識到自己還能做得更好。

專家知道自己永遠不能停下腳步。學如逆水行舟，不進則退。你可以替自己做到的事感到自豪，但永遠不能覺得這樣就是一百分。你得不斷前進，躍躍欲試，否則就會停滯不前。

本書架構

本書不談如何去做專家做的事。那樣的主題或許很吸引人，但不是我的目標；我不想成為標本師，我猜你也不想。此外，本書也不會用抽象的學術詞彙來談專業技能，不過我的確引用了部分文獻。

我給自己出了一個跨領域思考的挑戰，不把水電工、神經科學家、陶藝師、魔術師與心臟外科醫師分開來談。我將強調專家的相似處與差別，畫出從菜鳥前進到睿智導師的地圖。

這本書要談真實存在的人。

我身為內部人士的觀點，將串起接下來的各個章節，講述其他人難以言說或不願透露的事。我將以自己的經歷為例，包括這些年來我犯過的錯、有過的念頭、醞釀的點子。我舉的例子自然多半與醫學有關，因為我是醫師。我之所以強調臨床經驗，不是因為醫學特別專業，而是那恰巧是我的故事。如果由你執筆，貫穿本書的內容將有所不同。你將引用其他例子，提出其他聯想，但相關的階段與主題將是類似的。

我在職業生涯中數度轉換方向，甚至到了今日也一樣。我當過外科醫師、家庭醫師、學者與大學教師，因此精通相關的領域。此外，我還有其他興趣，作為業餘音樂家，我處於造詣淺薄的階段——離專家還遠得很。我製作大鍵琴，駕駛輕型飛機，但永遠不曾超越初學者的階段。我們在人生中都會發展五花八門的方向，永遠處於各條專家之路的中繼站。我只不過是在這裡舉出最唾手可得的幾種對照，方便做比較。

不過，在故事的不同階段，我也將帶進其他支線和其他專家，其中一人是我結識超過十年的訂製西裝裁縫師約書華．拜恩（Joshua Byrne）。乍看之下，約書華可說是和我身處完全不同的世界，畢竟醫學是科學，裁縫是手工藝——或者表面上如此。然而，我們經歷的相似程度卻很驚人，兩人走過同樣的階段，對抗過差不多的挑戰。我對比我們有過的經歷、遭遇過的困難，以及看世界的方式，追蹤從學徒到師傅的這條路徑是怎麼一回事。

我也會引用頂尖人士的例子，例如前文介紹過的標本師德瑞克。這些年來，我有幸遇到更多其他業界好手，有的是醫學與科學界同仁，有的是視覺與表演藝術的專家，還有機師、音樂家、匠人。我在他們的工作室、工作坊、實驗室觀察他們，對談無數小時，從中得出主要的研究心得。

雖然我走上了醫學這條職業道路，我目前已不再執業。如果我稱得上任何領域的專家，我應該是教育專家。我和學生、外科住院醫生合作時，看著他們在我提出的步驟中奮力掙扎。他們必須應付無聊的重複性工作，培養手部與身體技能，處理錯誤，與他人合作，接著也能教導別人。此外，我閱讀其他人士談專業技能的著作，試著瞭解他們的理論與想法。

各位在讀這本書的時候，還會冒出另一條穿插的線——你自己的人生。每個人或多或少都有成為專家的經驗。不論你讓人生專心投入一個目標，或者只是嘗試精進某樣你喜歡的活動，我們每個人心中都有成為專家的衝動。變成專家很困難，但不是不可能。

就和跑馬拉松一樣：只要訓練的時間夠長，堅持下去，人人都能跑。很少人會拿下世界冠軍，但所有人都能嘗試。

岌岌可危的專家

那麼為什麼成為專家很重要？我將在本書的最後一章試著解釋。幾世紀以來，學徒制讓人走過最終成為師傅的漫長過程。成為專家會帶來獎勵，但並非一蹴可幾，沒有捷徑，無法即時滿足。這種情形與我們的社會漸行漸遠，慢慢不見容於這個時代。人們沒有那個耐性，想立刻見到成效，不想在別人的工作坊熬上好多年才能獨立。

個人專家的作品在某些方面高度受到重視，尤其是在統一量產的世界。然而在此同時，專家的整體概念被貶低，他們的技巧被輕視。部分原因出在最後的成品（一套西裝、一個花瓶、動一場成功的手術）背後耗費的力氣被隱藏了。動用的專業能力愈深，你就愈不可能看出來，因此很容易猜想自己或任何人都做得到。

此外，在我們的社會，專業技術正在貶值。專家被視為不必要、可有可無的菁英，原因出在資訊一度由專家獨家掌控，如今滑鼠一按便能取得。然而，這是一種危險的誤解。資訊不是學識，專家提供的其實是智慧。

我們從以前就一直需要專家，我認為未來也一樣。部分原因出在專家能替我們做些什麼：他們提供的服務、他們創造的事物與體驗。然而，同樣重要的是，專家能鼓舞我們，讓我們看到真的有心的話，我們可以做到的事。我會在本書的結尾回頭談，為什麼專家對我們所有人來講不可或缺，解答我經常聽到的提問，例如：為什麼我們該追求在人生的某個領域成為專家？為什麼專家正在消失？我們能怎麼做？

本書以正在替雲豹標本擺姿勢的德瑞克開場，但現在我們要離開德瑞克的工作室，穿越回到數十年前。當時在南非約翰尼斯堡郊區的一間醫院，我正在搶救腹部被仇家刺傷的賽門。

2 外科醫師與裁縫師

一九八一年的一天，我人在巴拉瓦納斯醫院（Baragwanath Hospital）的緊急手術室B，準備動一場創傷手術。我的醫院位於南非的索韋托（Soweto）——當年是全球最暴力的角落。星期六的凌晨四點，二十多歲的年輕祖魯人賽門被刺傷。我第一眼見到他時，他人躺在擔架上，床單下，一圈圈的腸子從腹部傷口流出。每天晚上，像賽門這樣的病患被匆忙送至「創傷急救室」，接受緊急治療。

我才剛到巴拉瓦納斯醫院沒多久，但已經習慣看到腸子垂掛在外的傷患——醫學教科書稱之為「內臟摘出」（evisceration）。我學到外觀看起來最駭人的傷口，危險性不一定最高，但賽門＊確實情況嚴重。他沒有反應，不省人事，血壓直直往下掉。他一定有

＊為保護隱私，本書提到的所有病患與臨床同仁，全部使用化名並更動其他細節。

內出血，需要立即動手術。

我們連忙把賽門送進手術室。病患一直湧入，好幾位外科醫師同時在值勤，但他們都在其他的手術室處理自己手上的病患。我那時二十多歲，等不及要上場開刀，但依然很菜。我在巴拉瓦納斯醫院當了一年左右的準外科醫師（surgical registrar），已經來到理應能自行動此類手術的階段。

如果是非急需手術（計畫性手術），你可以從「簡單」的手術開始累積經驗。如果是創傷手術，就永遠不知道會碰上什麼狀況。刀劍無情，子彈不長眼，起初看似簡單的手術，有可能轉眼間就成了惡夢。我清潔雙手，腦中走一遍可能碰上的各種情形，既興奮又擔心。

賽門進入麻醉後，我清潔他的皮膚，蓋上無菌墊，切開腹壁，深入至腹膜腔。污血開始湧現，我看不清楚。血液上浮著一塊塊玉米，接著突然冒出一陣啤酒酸氣，看來是污染性傷口——被刺的傷口至少達到胃部的深度。不過，我的第一要務是止血。

一開始，出血實在太多，我看不清是從哪裡冒出來的。我很想抓住我看到的第一個出血點不放，但強迫自己慢下來，有條不紊依序檢視每一個器官後，再決定要先處理哪一個出血點。肝臟、胃、小腸、大腸、脾臟、骨盆器官，我逐一檢查，有時靠眼睛，有時得用摸的，感受看不見的角落。

我心中一沉。這個穿刺傷比想像中更深，一直往下到了胰臟頭——這種情形對任何外科醫生來講都是一大難題，像我這種菜鳥更不用說了。血不斷湧進我的視野，我開始恐慌，萬一我應付不來，病患一直流血，就這樣死在手術台上怎麼辦？

成為外科醫師

在開刀房搶救賽門的那個晚上，我絕對算不上專家，不過我在其他醫生的監督下完成過不少手術。雖然還沒有太多大型手術的主刀經驗，也已經開始獨立作業，替自己下的決定負責。從先前章節描述的專家路徑來看，我當時處於學徒階段的後期，正要開始成為熟手。

時間快轉到近四十年後。我的職業生涯在日後出現意想不到的大轉彎。今日我不再擔任創傷外科醫生，甚至不再看診。我擔任倫敦某大型大學的教授，專長是外科教育，花很多時間探索成為專家的意義，眼下正在撰寫這本書。回首從前，我離起點已經很遠很遠，我將解釋我是如何抵達今日的所在地。

我在索韋托替賽門動手術的時間是一九八一年，當時我習醫已經超過十個年頭，接受過不少外科醫生訓練。前六年在醫學院，接著正式展開職業生涯。第一年我是剛取得資格的實習醫生（house officer），接下來回到當初讓我取得醫生資格的大學，在醫學院教了一年解剖學。原因是我決定成為外科醫師，需要通過「皇家外科醫學院初級會員」(Primary Fellowship of the Royal College of Surgeons）這項令人望而生畏的考試，要考解剖學、生理學與病理學，之後才能取得最終的學會會員資格（Final Fellowship，簡稱FRCS），也就是在遙遠的未來成為主任醫生（consultant）的基本條件。在醫學院念書時，我的解剖學知識可以說不太扎實，而我發現最好的學習方式就是教別人。

我結束解剖學的教書日子之後，當過骨科、急診室與產科的初級醫生（junior doctor）。接著，一個可以在南非待一年的機會出現，我立刻接受，沒多久就抵達世界的另一頭。那是充滿異國情調的環境，有趣到我從一年待到兩年，後來整整待了五年。我完成外科專科醫生的訓練，在南非成為主任醫生。

那段期間，我幾乎都在巴拉瓦納斯醫院工作。那間醫院今日的全稱是「克里斯·哈尼·巴拉瓦納斯醫院」（Chris Hani Baragwanath Hospital），簡稱「巴拉」（Bara）。巴拉位於索韋托，索韋托的全稱意思是「西南小鎮」（South West Township），位於約翰尼斯堡郊區，當時人口遠超過一百萬；巴拉是當地唯一的大型醫院，也是全球最忙碌的一間。當時已是南非種族隔離時代的尾聲，我的病患全是黑人，來自令人眼花撩亂的文化，講著五花八門的語言，我一輩子不曾有過那樣的體驗。

雖然病患帶著形形色色的外科問題來找我們，我很多時候是在治療被刺傷或中槍的年輕男性。週末尤其忙碌，因為約翰尼斯堡的移工會在發薪日買醉，拿非洲大砍刀(panga，開山刀)互相攻擊，有時還會掏槍。那是令人精疲力竭的工作，我通常必須一次值班三十六小時，中間沒睡覺。當然，我處理的也不全是暴力造成的傷口。許多年長病人也會罹患重大疾病，例如在非洲那一帶特別盛行的食道癌。我們也有不少病患得到穿孔性潰瘍與絞勒性疝氣，那是我在英國常處理的健康問題。此外，我也碰到在文獻上讀過、但從未親眼目睹的疾病，例如傷寒。我的許多工作內容是重複性的家常便飯，花無數個小時待在「敗血室」，負責清理病患身上十分常見的膿瘡，但最令我熱血沸騰的還是創傷外科。

週末的巴拉看上去像是戰區，幾年後我也真的親上火線。病患一送到醫院，我們會立刻分診，傷勢最重的病患通常不省人事，沒人知道他們的名字，只能記錄成「星期六的第X號未知病患」，直到朋友或親屬抵達，確認他們的身分。傷患被放上推床，前額貼著寫著「緊急」的紅色貼紙，用灰色毯子蓋住，推進名符其實的創傷急救室。醫生和護理師會穩住他們的狀況，由待命的手術團隊進行評估，做初步的復甦。傷患若有危及性命的傷口，則是直接送進手術室，像是賽門。

賽門在手術室血流不止，我開始恐慌，幸好我的刷手護理師是極有經驗的護理長拉瑪佛沙（Ramaphosa）。我今晚的第一助手是剛取得醫師資格、不喜歡動手術的同仁，他通常不會進手術室，在手術室裡用處不大，但至少能幫忙拿著牽引器，協助我看清賽門的腹腔內部。

皇天不負苦心人，我逐一檢查器官的努力有了成效，找到小腸腸繫膜上被砍斷的動脈，那條跳動的細小血管負責供血給小腸。我還沒來得及思考，拉瑪佛沙已經將動脈止血鉗交到我手上，我夾住血管，等上幾秒鐘，接著鬆了一口氣，出血情形終於不再失控，現場鴉雀無聲。

這下子我爭取到時間，可以檢查得更徹底一點。這種刀傷很難判斷，你不曉得刀刃有多長，也不曉得劃到哪些地方。有時小血塊是唯一的線索，顯示深處有嚴重的傷口；那就是為什麼我得逐一檢查。我鬆動結腸，那裡看起來有點可疑，必須確認一下結腸後方。我剪開繫著賽門腹後壁的薄膜，輕輕分開解剖分層。進入十二指腸與胰臟時，我焦慮萬分，修補這區的傷口將遠遠超出我的舒適圈。我仔細檢查，一公釐接著一公釐，即使看到傷痕，但沒傷到任何重要結構，我鬆了一大口氣。

接下來一小時是大量的縫縫補補：移除一小段小腸後，縫合兩端，接著封住胃部傷口。我在教科書上讀過、看過一百次這樣的案例，但很少有機會親自上陣。我最後再檢查一遍，很滿意已經修補完所有的傷口。我縫合賽門的腹部，放上敷料，拿掉吸滿血的綠色覆蓋巾。我的手術袍也是滿江紅，要換掉才能進行下一場手術。

打開一個人的腹腔，找出是哪裡出錯，叫開腹手術（laparotomy）。我已經學過教科書描述的步驟，但書本不會告訴你動手術是什麼感覺，也不會告訴你，事情超出能力該怎麼辦。寫書的作者早已經歷過那些事，但你才正要出發，根本沒經驗。你尚未和作者講同一種語言。就連切開活生生的人體，那樣的感受也難以形容。活體肉的滑溜感，器官在你手指底下脈動，手術器具就定位的喀喀聲——更別提你動大手術時自己心臟怦怦跳個不停，或是出錯時心中的一沉。就算在書上讀過，在電視上看過，真的碰上事情也全然不同。

此外，教科書從來不會描述手術順利時，身體出現的那種愉悅感，也不會談出錯時的恐懼。由你負責開刀的重症病患康復出院時，你心中湧出的那股滿足感，沒有課本會提到這樣的事。回憶往事時，我依然能感受到打開賽門腹腔的那一刻，那既興奮又恐懼的心情。我不知道即將碰上什麼事，不曉得自己是否應付得來，只是一旦手術開始，我忘掉了焦慮。重點不再是我，而是賽門。我得找出賽門傷到哪裡，盡我所能修補傷口。我依照我受過的指導集中注意力，專注於流程的每一個環節。幸好手術一切順利，不過事後我在心中反省，想著能否做得更好。

那次的手術過後，我發現自己抵達一個轉捩點。從各項標準來看，我都不是什麼專家——還差得遠。我仍然處於學徒的階段，但努力壓下焦慮的心情，動了一場順利解決的困難手術。我第一次感到自己成為**一名外科醫師**，不再只是能夠執行手術流程的人。

日後我發現許多領域的專家也一樣。當然，當年我替賽門動手術時，心中並未想著其他領域，只不過是以外科住院醫師的身分，應用科學知識與肢體技能，讓傷者好起來。我不曾想過可以向裁縫師、音樂家、美髮師或戰鬥機飛行員學習。數十年後回想起來，真希望自己當初就認知到這件事。

成為一般科醫師

接下來幾年，替賽門那樣的傷者動手術，已經成為家常便飯，其中最緊急的是心臟中刀。這類傷患，我們通常一個週末就會碰上好幾位，有時甚至更多。我後來已經很習慣跟著心臟就要停止的病患，一路在醫院走廊上狂奔，衝進手術室，幾秒鐘內把病患移到手術台上，切開皮膚，用錘子或鑿子分開胸骨，切開心包囊，縫合血液四濺的心室。一旦穩住情況，醫療團隊便能喘口氣，等待病患的血壓回升，我們自己的血壓也降下來，接著是關閉胸腔。

在巴拉瓦納斯醫院待了近三年後，我感到自己已經掌握創傷手術的要領，希望拓展體驗，因此決定搬到開普敦，在格羅特舒爾醫院（Groote Schuur）繼續受訓。這間大學醫院有一件事很出名：全球第一場心臟移植手術就是在這裡執行，時間是一九六七年，由巴納德醫師（Christiaan Barnard）主刀。我待在格羅特舒爾醫院時，繼續治療大量的創傷患者，但也有機會與全球首屈一指的專家合作，包括肝臟疾病、腸手術、神經外科、兒科手術與加護病房等領域。我在不同的專科輪調，廣泛吸取經驗，日後成為無價之寶。我參加 FRCS 考試，成為主任醫生，有幾個月負責帶領開普敦兒童醫院的兒科創傷單位。我從學徒走向熟手，名義上開始獨立作業。

當時我已經在南非待了超過五年，但不曾打算久居。我的父母都在倫敦，母親的癌症病況每況愈下，我回家的時間到了。不過我在返國前，前往奧沙卡蒂（Oshakati）當了幾個月的外科主任醫生。那是非洲納米比亞的一個偏遠小鎮，也是奧萬博（Owambo）人的家鄉。我抵達時才發現，奧沙卡蒂位於納米比亞和安哥拉的邊界，而南非與安哥拉正處於交戰狀態。儘管我已見過大風大浪，還不曾真的在戰區工作，不明白那有多危險。我掉進一個全然陌生的世界。不論從哪個角度來看，那是貨真價實的戰火洗禮。

最大的問題在於孤立無援。我在開普敦時，萬一真的束手無策，永遠有人可以請教；在奧沙卡蒂，一切只能靠自己。我任職的醫院規模很大，光是外科病床就超過兩百床，但長期缺乏人手。我抵達時，原本負責主持的外科醫師已經超過三年沒休假。我報到時，他手裡拿著手提箱——當天就離開，我再也沒見到他。突然間，我要負責照顧兩百名外科病人，一共只有兩位初級醫生幫我。

我在奧沙卡蒂快速成長。除了原本就躺在病床上的病患，身受重傷的病人每天如潮水般湧入。我大部分時候都待在自己的舒適區之外。除了清理膿瘡、處理闌尾炎等日常外科工作，我必須照顧的傷患，有的被路旁的爆炸裝置炸到，有的被火箭擊中，他們身上的傷通常令人觸目驚心。我被迫臨場發揮，動一些聽過但未曾見過的手術——更別說是實際操作過。

最慘不忍睹的一些傷口來自磷彈。磷會燒穿傷者的皮膚，而且幾乎不可能移除。奧萬博的手術房護理長教我如何處理。先讓傷者上全麻，放上手術台，關掉所有的燈，在黑暗中查看傷者的哪些身體部位在發光，用解剖刀切除，或是用鋼刷刷乾淨。那是恐怖的惡夢，我在北威爾斯當實習醫師時，從來沒有人跟我講過磷彈的事。

這就是為什麼我會說，通往專家的路並非直線。我在奧沙卡蒂以外科醫師熟手的身分，找到自己的聲音，但工作上的要求大幅超出我的知識與自信。我替自己的抉擇負起責任，有時不免出錯，就由我和病患面對後果。

回英國的時間到了，我再次面對職業生涯的分水嶺。我在非洲當外科醫生時，花了很多時間動手術，照顧康復中的病患，但只要他們一出院，我就不會再見到他們了。我發現這對我來講少了點什麼。我希望追蹤病患在幾年間發生的事，不只是幾天或幾星期。此外，我希望體驗其他類型的醫學。

有一天，我人還在開普敦，翻到一本過期的《英國醫學期刊》(*British Medical Journal*)，看見最後幾頁廣告在徵一年期的一般科（general practitioner，GP）住院醫生

（trainee），地點是英格蘭中部的利奇菲爾德（Lichfield），就在伯明罕附近。徵人的截止日期早就過了，我還是寄了應徵信過去。幾星期後，我嚇一大跳，對方回信說要收我。我就此轉換方向，重新受訓成為一般科醫生，也就是家庭醫師。這是重大的一步，朋友都認為我瘋了。我知道這有風險，但我認為會非常有趣，最後我猜得沒錯。

從外科醫師轉當一般科醫師並不容易，我得二度成為學徒。我在當一般科住院醫師那一年學到很多東西，不過大都不是新的知識或技巧，而是以全新的方式整合我已經知道的事。那不太算是從頭開始，但我得學習一套完全不同的醫學。

我當完一年的住院醫師後，開始尋找可以去哪間醫院執業。當時一般科競爭激烈，熱門的職位往往有超過一百五十人應徵。我很幸運，英格蘭特羅布里奇（Trowbridge）一間有七位一般科醫師的診所，請我當合夥人。特羅布里奇是個小鎮，距離倫敦約一百英里。我在那裡一待十七年，久到足以完成本書的好多個步驟。我一開始是初出茅廬的熟手，替自己做的事負起責任，但還有很多要學。我有了自信之後，發展出我專屬的一般科醫師風格。一段時間後，我開始傳承知識，在其他醫師踏上專家的旅程之時，負責教導並支持他們。

我在擔任一般科醫師的期間，摸索出以不同的方法，應用先前在大醫院擔任專科醫師時獲得的知識與技能。我倚賴外科的訓練，但外科只會在極短的一段時間內密切照料病患，一般科則相反。你會在多年間不斷短暫重複見到相同的病患，漸漸瞭解他們。因此，我得以發展出自己的風格——我在本書中稱之為找到「聲音」。

進入學術界

我的一般科醫師生涯步上軌道後，我開始開發教學課程，對象是希望動小型手術的一般科醫師。然而，當我試圖具體呈現自己在職涯早期學到的手術知識，發現難度很高，簡直出乎意料。我試過好幾種辦法，包括撰寫教科書，效果都不是很好。我自己有過經驗，知道碰上賽門這樣的外科傷患時，書本不一定能派上用場，因此我最後開發多媒體課程，聯合皮膚科主任醫生茱莉亞．蕭菲德（Julia Schofield），和近期成立的模擬公司 Limbs & Things 與解剖製圖公司 Primal Pictures 合作，結合矽模型與電腦繪圖，讓臨床醫師在家也能練習手術技巧。

我當時已經做了大量的教學工作，但不曾正式研讀教育學。我希望多瞭解一點，便到附近的巴斯大學（University of Bath）繼續讀博士。進修時，我把自己的教學與學習經驗，與不同領域的著作連結。我讀不同領域人士撰寫的著作，檢視他們的理論，試著比較雙方的看法。於是，我有了第三次的職涯轉換，進入今日任職的倫敦帝國學院。

我在倫敦帝國學院的日子，等於是繞了一圈回到原點，身邊再次圍繞著外科醫師，但這次我負責教育他們，不再親自動手術。我成立外科教育的教育碩士學位（Master of Education, MEd），有許多年，這是全球獨一無二的課程。在此同時，我製作模擬器材，整合執行手術所需的肢體技能（physical skill），以及照顧病患會用到的人際技巧（human skill）。我召集研究團隊，以低成本但栩栩如生的方式重現手術場景，整套設備可以放在車子行李廂載著走，隨時拿出來安裝。我們與設計工程師合作，甚至開發出充氣「冰屋」，利用輕型道具重現開刀房景象，無須大量設備也能做到。

我的第一個念頭是把這種可攜式模擬場景，應用在外科團隊的訓練，但我靈機一動想到以別種方式運用——邀請病患與民眾參觀手術室，甚至參與模擬手術。我們開發「相互啟發」（reciprocal illumination）的概念，在每一位當事人的觀點之間轉換，包括外科醫師、患者與大眾。

相關的模擬，讓我們和一般感到被醫學界與科學界排除在外的民眾展開討論。我開始熱中投入所謂的「公眾參與」（public engagement），接下來幾年，公眾參與成為我的工作重心。不誇張，我和團隊其他成員出席了數百場活動，造訪了科學節、博物館、街頭市集、公園與音樂表演。我參與相關活動時，重點不在於解剖學與疾病的細節，而是從表演與工藝的角度理解外科，就此得出我日後主要的研究主題——探索和醫學界以外專家的連接點。

倫敦帝國學院是再適合不過的基地了。離主校區不過幾步路，就是倫敦的南肯辛頓區（South Kensington）。那裡有世界頂尖的博物館與機構，包括科學博物館（Science Museum）、維多利亞和艾伯特博物館（Victoria and Albert Museum）、自然史博物館、皇家藝術學院（Royal College of Art）、皇家音樂學院（Royal College of Music）。不遠處是藝術工作者協會、倫敦城市與公會藝術學校（City and Guilds of London Art School）、皇家藝術研究院（Royal Academy of Arts）、惠康基金會（Wellcome Trust）。過去這些年來，我與這些單位全數搭上線。

有的合作則較為正式，譬如我和皇家音樂學院的同仁亞倫．威利蒙（Aaron Williamon），共同成立、主持的皇家音樂學院與倫敦帝國學院表演科學中心（Royal College of Music and Imperial College London's Centre for Performance Science）。我在二〇一九年成為皇家藝術研究院的解剖學教授，第一位在一七六九年擔任此教職的人士，是史上知名的解剖學家威廉・杭特（William Hunter）。我今日跨越多種領域的界線，努力找出成為專家的意義。

裁縫師

接下來，我們要回頭談裁縫師約書華。先前我提過，約書華的看法深深影響著我。我們兩人都是一步一腳印從「學徒」走向「師傅」，一路上酸甜苦辣都有。儘管我們的領域完全不同，奇妙的是我們走過的路十分相像。

我是在二〇〇九年一個炎熱的夏日認識約書華。當時我正在發展人生的第三段職涯，努力成為學者。約書華的工作坊位於薩佛街（Savile Row）。幾世紀以來，那條倫敦街道是訂製裁縫業的聖殿。我第一次見到約書華時，他正彎腰製作一件西裝外套，背景的收音機播放著板球對抗賽的實況報導。約書華身材瘦高，一臉鬍子，一身服飾無懈可擊。他性格溫暖，魅力十足。我以前不曾與裁縫師交談，約書華也不曾和外科醫師對話。裁縫師與外科醫生通常不會有機會見面，我不知道接下來會發生什麼事。約書華似乎和我一樣好奇，我們居然會有共通點。

我留意到的第一件事是，約書華的技術能力（technical skill）與我自身的經驗，有著異曲同工之妙。約書華描述自己是如何製作西裝時，我突然想到我們兩人都需要縫東西。約書華當學徒時，多年與針線為伍，負責接上外套袖管與製作西裝內裡。我當外科醫生的那幾年也做著類似的事，負責接合腸子或血管。我和約書華聊著聊著，發現我們還有更多的共通點。我們兩個都經歷過兩次學徒期——一次專注於技術能力，一次更把重點擺在人身上。我們都著迷於自身行業的技藝原則與基本概念。

約書華大學念農經，大二念到一半看了一部電影，當中有一小段背景恰巧是裁縫工作室。約書華突然感覺那就是自己想做的事。當時愛丁堡沒有太多接觸裁縫的機會，他因此輟學到倫敦當學徒。約書華和標本師德瑞克一樣，因為一次偶然的啟發，改變了職涯走向。

約書華向我解釋裁縫師有兩種。「縫製師」（making tailor 或 sewing tailor）的專長是塑造立體造型，讓整套西服與西裝外套符合「剪裁師」（cutting tailor）的要求。剪裁師負責設計服飾，與顧客互動。這兩種裁縫都技術高超，但負責不同的工作，涇渭分明。學徒通常會二選一，接著整個職業生涯都會待在同一邊，但約書華不一樣，他兩種訓練都接受過。我也有過類似的經歷，從外科轉換到一般科。我和約書華在同一個產業當過兩種學徒;這在我們兩個人的領域來講都很不尋常。

我請約書華讓我一窺「縫製師」的工作。他讓我觀察他是如何把袖子縫上外套。我看著他毫不費力地飛舞針線,想起在南非擔任外科醫師縫合穿刺傷的時光,忍不住請約書華讓我試試。我上一次動大手術已經是二十多年前的事,但我心想這應該很簡單吧,畢竟我有過多年的經驗——又能難到哪裡去?

外套在我膝上,針在我手裡,僅有窗戶透出的光線,我發現真的不容易。我感到笨手笨腳,一再失敗,連最簡單的事都做不好。看來我花那麼多年練習的針線技巧,現在全忘光了,我心情低落。

現在回想起來,我發現儘管我和約書華運用的技術看似相近,我們做事的方法完全不同。我習慣開刀時有團隊,穿著手術袍,戴著乳膠手套,站在明亮的燈光下。需要時,有人會遞器材與縫線給我。處理完畢,有人會幫忙收拾。每當我要縫合,拉瑪佛沙護理長等專家級的醫療同仁,便遞上裝在特殊器材上的彎針。

在約書華的工作室,什麼協助也沒有。裁縫師獨立工作。他們用直針,直接用手指拿著針,不靠器材輔助。此外,沒有人負責遞東西給他們或把器材收走。這讓我懷疑起自己,我自認知道成為專家是怎麼一回事,但真是那樣嗎?我發現,我的技術只有在手術房的特定環境才能發揮作用。來到約書華的工作室，場景全換了，讓我豁然開朗。少了團隊輔助，我變得不知所措。

儘管約書華和我的工作不一樣，我們在成為專家的過程中，走過類似的道路。約書華在起步時（「學徒」階段），必須在不瞭解為什麼要做的情況下，執行一些任務。他開始熟悉業界技巧，深入瞭解自己使用的紡織布料。約書華有幸碰上幾位鼓勵他、支持他的師傅，但也忍受過吹毛求疵與刻意刁難。約書華日後成為獨立匠人（「熟手」階段），找到自己的聲音——懂得冒險，獨當一面。他今日是專家（「師傅」階段），傳承知識。我一路走來，當過初級醫生、南非的外科住院醫生、納米比亞的外科主任醫生、英格蘭鄉間的一般科醫師，以及倫敦的大學教授，同樣走過那樣的階段。

從我們初次見面，我和約書華共度許多時光。在我們職涯的這個階段，兩個人都試著把自己的知識傳授給經驗較少的人。我和約書華在對話中，談及身為專家的意義。每一年，約書華都會參與我在帝國大學開辦的碩士課程，內容不光是約書華對著我和我的學生談論裁縫是什麼；裁縫的領域很有趣，但對我們外科醫師來說不是特別相關。重點是瞭解裁縫師如何成為裁縫師，可以引發我們思考外科醫師是如何成為外科醫師，以及原理是什麼。各位繼續讀下去，同樣可以思考外科醫師、裁縫或任何職人的養成過程，接著回到自己身上，想一想自己為什麼選擇那條道路。

放眼自身領域以外的地方

我不曾成為標本師德瑞克那樣的專家，也自知不會有那麼一天，我不曾在單一領域待上四十五年。不過，我培養出社會學家柯林斯（Harry Collins）所說的「互動型專業知識」（interactional expertise）——有的專家，他們的工作你做不來，但你有辦法講他們的語言。柯林斯將這類型的知識與「貢獻型專業知識」（contributory expertise）區隔開來。所謂貢獻型專業知識，指的是執行工作本身的專業知識，以我的例子來說，便是當醫生與老師。互動型專業知識涉及接觸自身領域以外的人。多數人都擁有某種程度的互動型專業知識，少部分人則直接當成職業，如新聞工作者。我今日的職業也運用了互動型專業知識。

我們很容易把科學、藝術與工藝想成截然不同的領域。然而，只從職業來思考專家的養成是在畫地自限。醫學、裁縫、標本製作，這樣的分類法只強調了差異，反映不出相似之處；我們只想到哪些事讓這些專家顯得獨特，卻沒有思考他們的共通點。此外，我們鮮少去瞭解他們是怎麼抵達專家的里程碑，也沒去思索如何將他們的知識應用在自己身上。

我和約書華都發現，我們可以從不同領域的人士身上學到很多東西。我永遠不會跑去製作西裝外套，約書華也永遠不會動手術，但從更深的層面來講，我們兩人瞭解彼此的故事。我們都曾多年學習自認值得的技術，也走過遭逢打擊的時刻。我們跌跌撞撞學習肢體技能，碰過帶來挑戰的老師、學生、顧客與病患。此外，我們都放眼自身領域以外的園地。

我因為和約書華及其他人士對話，腦中的概念逐步成形，終於能夠講出我一直試圖傳達的事。就如某位病患曾經對我說：「在我跟你描述自己的狀況之前，我怎麼知道自己在想什麼？」

我和約書華的經驗並非百分之百相同，但他代表了專家在我心中的意義。約書華的心中有一股熱情，敦促他成為最優秀的裁縫師，為顧客與客戶端出最好的作品。對我來講，那正是精通的精髓。

話又說回來，成為專家的道路十分漫長。在本章的開頭，我人在一九八一年的巴拉瓦納斯醫院緊急手術室B，正準備替賽門動刀。我的專家生涯才剛起步。我依舊記得心中那忐忑不安的感覺，我不知道打開腹腔之後，自己是否有能力處理眼前的傷勢。不論是哪個領域，總會碰上這種時刻，唯一的解決辦法就是累積實務經驗，一遍再一遍地練習。因此，接下來我們要談「苦熬與磨練」。

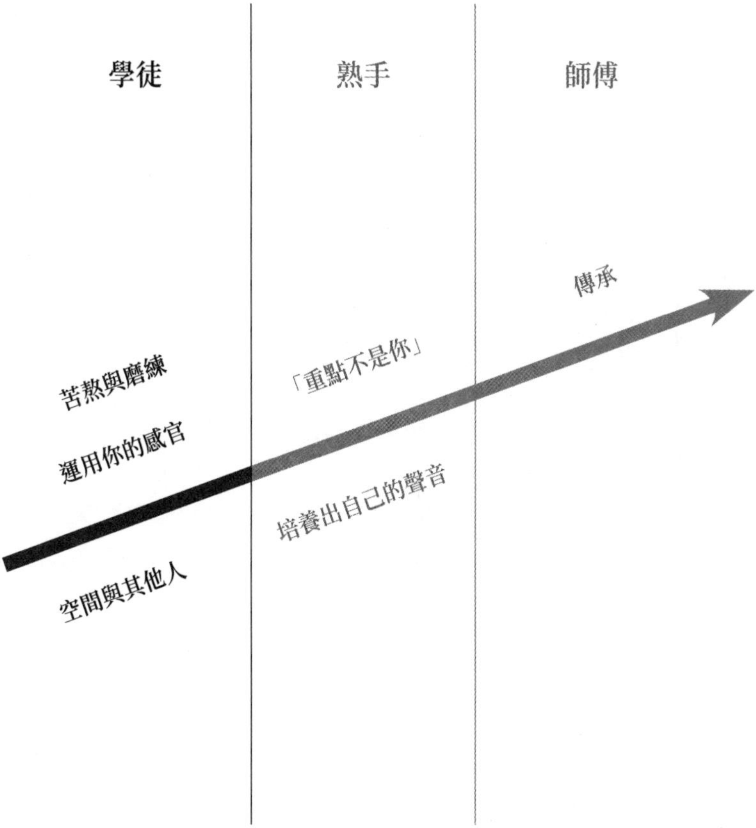
學徒
熟手
師傅
傳承
「重點不是你」
苦熬與磨練
運用你的感官
培養出自己的聲音
空間與其他人

3 苦熬與磨練

一九七四年一個星期日，我人在曼徹斯特皇家醫院（Manchester Royal Infirmary），被叫去「弄一下血液的事」。一整個早上，我逐一替病患抽血，做常規的術前測試。別人都不想碰這種工作，所以落到我的頭上。那是我第一次以醫學院學生的身分進醫院，興奮極了。我大搖大擺穿上嶄新的白袍，口袋裡塞滿樣本管子、注射器、針頭、一疊待填的表單。一名倒楣的實習醫師（英文是houseman，當時如此稱呼剛取得資格的醫生）被抓住，示範一遍該做哪些事之後，就消失得無影無蹤，獨留我一人面對病房。

我當時已經完成二分之一的醫學院教育——花了三年學習知識，在解剖室待上無數個小時，解剖構造倒背如流。此外，我也花很多時間在組織學實驗室研究顯微鏡玻片，學過生理學、藥理學、病理學，但不曾接觸真正的病患。

頭兩次抽血，我輕鬆過關——那兩位患者的血管健康又好找，插進去就好，我信心滿滿，但很快就踢到鐵板。原來剛才只是新手運，殘酷的現實是抽血有夠難。有的病患根本找不到血管，或是硬如陶做的菸管。有的血管看上去可以輕鬆過關，結果針一碰，立刻冒出一大片瘀青。我通常得一連試好幾次，病患被我扎到苦不堪言。即便他們十分體諒，我還是戰戰兢兢，心驚膽顫。

就連拿工具也弄得我手忙腳亂。我至少需要四隻手，才能同時拿著針筒、針頭、止血帶、OK 繃和棉花棒。就算學過各式各樣的知識，真要實作的時候，我仍是一副笨手笨腳的樣子。一式三份的複寫表格簡直是夢魘，而我的原子筆根本無法在光滑的迷你試管標籤上留下清楚的字跡，但要是不寫清楚，各式表格和試管混在一起就糟了。

我得想辦法找出一套追蹤辦法，需要使用時東西都在手邊。這種事務和抽血要求的肢體技能十分不同，沒人教過我這個環節，我必須自創一套系統。雖然不容易，我還是逐漸掌握了竅門，又過了幾個週日之後，我信心大增。只是兩個月後，那份新生的自信再次遭受打擊。

我被叫去替一位急診室病患放靜脈留置針（俗稱「打點滴」）。那位病人血壓低，實習醫師又很忙。我看過別人替病患做靜脈注射，看起來並不複雜。畢竟我現在已經學會抽血，把留置針放進病患的血管應該不難，但現實再度讓我鼻青臉腫。病患就在面前，我手裡拿著一袋無菌生理食鹽水，外加幾碼長的塑膠管，呆呆站在原地，不曉得接下來該做什麼，再度退回原點。

重複性工作的價值

如果你嘗試過掌握新事物的竅門，心生挫折絕不是什麼陌生的事。當學徒就是這樣。裁縫師約書華剛開始學習製作西裝外套時，也有過類似的經歷。他在那個階段尚未開始設計三件式西裝，正如身為醫學院菜鳥的我，離執行手術還很遠。約書華在師傅羅恩（Ron）家中的工作坊工作，負責製作西裝口袋蓋。他製作過無數個，叫苦連天。

西裝口袋蓋沒有聽上去那麼簡單，必須準確裁切，才會緊貼著西裝外套細微的幅度，不致身體一動就撐開。此外，口袋蓋必須緊密縫合，看上去完美無瑕。然而，口袋蓋的製作過程既無聊又重複，師傅羅恩的性格一絲不苟，堅持工作坊裡的每一樣東西都必須符合最高標準，但他不是做老師的料，不時查看約書華做得怎麼樣了，接著搖頭說「不行」，卻不解釋為什麼成品不合格，反正就是「不行」。師傅不滿意，但永遠不告訴你哪裡不滿意，約書華只得做出更多的口袋蓋，無聊得要命，差點沒瘋掉。

就跟我被叫去抽血一樣，約書華一開始有新手運，做出羅恩認可的一個口袋蓋，但只是一時僥倖，之後就再也無法通過考核。有好長一段時間，約書華無法判斷自己到底做得如何，但他逐漸理解何時工還算細，什麼時候有瑕疵。約書華在一次又一次的重複中，替自己做出來的成品找到標準，得以維持一定的水準。最後師傅羅恩終於滿意，允許約書華碰其他的裁縫工作。一直到今日，約書華一想到口袋蓋，就會聯想到無聊的重複性工作，感覺上沒有太大的價值。然而，世上的口袋蓋的確有價值。約書華要不是有製作口袋蓋的經驗，永遠不會成為今日大家認可的裁縫師傅。同理，我要不是因為從抽血做起，永遠不會成為外科醫師。每個領域都有這類型的工作。

當然，不只是口袋蓋而已。約書華在當學徒的那些歲月裡，做過多種重複性的工作。口袋蓋之後是製作釦眼、縫邊、摺縫內襯、塞襯墊、剪裁翻領。約書華日後被委以更大的重任，例如接上袖子、衣領與裡襯，但每項工作的重複性依然很高，很快就令人感到瑣碎而無聊。

我在職涯的發展期間也經歷過類似的事。在醫學院念書已經夠令人挫折，通過資格考試之後更是雪上加霜。成為實習醫師要抽更多的血、清尿管、裝點滴——而且通常是夜間待命、我剛準備補眠的時候。工作無聊又重複。當然，對病患來講那類工作確實重要，但是對我來講沒有明顯的價值。我愈來愈熟練，卻不懂為什麼把針插進病人的血管，需要念六年醫學院。這種事難道就不能叫別人去做嗎？

然而，這是踏上專家之路的第一步。你出發時缺乏經驗，甚至不曉得自己不懂哪些事，看不見全局，笨手笨腳，既感到害怕又覺得無聊。此時，你心中想的是你自己。

我訪談過的專家都提到類似的故事。

保羅．傑克曼（Paul Jakeman）今日是全國首屈一指的歷史文物石雕家。他看到我來拜訪，立刻帶我去看他正在替教堂尖塔雕刻的巨大獨角獸石像；委託人是倫敦市中心布魯姆斯伯里區的聖喬治教堂（St George's）。那尊石像重達數噸，預計取代原有的石像，放在十七至十八世紀英國建築師尼古拉斯．霍克斯穆爾（Nicholas Hawksmoor）設計的經典教堂內。然而，保羅在職涯中並未一直承擔雕刻獨角獸的重任。他在數十年前展開石雕學徒的生涯時，完全沒料到會過什麼樣的生活。

保羅還以為自己會爬上高高的梯子，修復英格蘭中古世紀大教堂的雕像，但先是有好幾個星期，他負責掃去石匠工坊的粉塵，泡茶給大家喝。師傅交給他的第一項任務是單用鑿子與石匠的大頭槌，就在一塊石頭上理出完全平整的水平表面。幾個月過去，保羅的石塊愈磨愈小，他無聊到快抓狂。最後，他把成品交給師傅，終於得到師傅的認可。保羅心想，這會要開始學做真正的石雕吧，但接下來六個月，他又拿到另一塊石頭，這次的任務是磨出完美的**垂直**平面。保羅再度無聊到瘋掉。然而，他必須先掌握基本的技巧，才有可能學習關鍵的手藝。

這樣說起來，我們應該如何解讀這類重複性的事務？在你首度當學徒，努力和口袋蓋、血液、垂直的石頭表面搏鬥時，你將發現真正重要的事。就如約書華告訴我的：你可以放任自己因為挫折感而抓狂，關掉腦袋，心不在焉地忍受單調與無聊。也或者，你能做點什麼。

解決無聊的祕方，就是盡全力專注於每一項任務——不論交給你的工作內容是什麼。這個訣竅聽起來像老生常談，但要怎麼做得由你決定，看你要放任自己感到無聊，或是選擇改變那種狀態。你把注意力集中在沉悶的工作後，將以不同的角度看事情。做那件事不再是浪費時間，而是前進的助力。你不再把注意力放在工作有多令人沮喪，反而思考從中獲得的技能。約書華告訴我，當年的他漸漸學會把口袋蓋當成磨練手藝的機會。我第一次見到約書華時，他展現的專業裁縫技術，就是從千錘百鍊的重複之中鍛鍊出來的。

約書華決定工作時要活在「當下」，全神貫注，因此進步得非常快。他熟悉所有的布料，把永遠做不完的口袋蓋小山當成改善並培養自己的機會。如果約書華工作時聽收音機，或是和朋友聊天打發時間，沒能專心，或許還是能學會如何做那些工作，但這樣一來，他永遠不會發現其中的意義，也不會進步。石雕家保羅也有過類似的經驗。他咬牙苦撐，磨出完美的水平和垂直石面，奠定好的基礎。台上一分鐘，台下十年功。

真相是不論哪種工作，總有很乏味但不做不行的環節。沒有誰天生就該做不無聊的工作。你得想辦法接受現實，不然就是在給自己製造地獄。然而，五光十色的大環境勸我們即時享樂，做本質上很無聊的工作逐漸成為失傳的藝術。我們通常認為應該把那些煩人的事情分出去，讓科技代勞，或是交給別人處理。然而，這樣的思考法沒抓到重點。無聊事務也是工作的一部分。要是省略掉，一些基本的東西也會跟著被忽略。

對許多專家來說，無聊的環節依舊是貫穿職涯的核心工作。安德魯．加利克（Andrew Garlick）製作大鍵琴的資歷已經超過四十五年，全球各地搶著要他製作的樂器。安德魯的拿手絕活是打造雙層鍵盤的大鍵琴，他依據的藍本是今日存放於巴黎博物館、一七四九年法國大師古忠（Goujon）的傑作。

安德魯製作大鍵琴時，每台琴的每個零件全部親手製作。從調整音板形狀，切割琴鍵，再到上弦，為琴身上漆，全部純手工製作。這是十分勞力密集的工作，安德魯一年只能製作五台大鍵琴。我問安德魯是否找人代勞無聊的步驟，他說沒有。安德魯認為無趣的部分不可或缺，曉得整部琴從頭到尾是自己打造的成果，帶來無上的滿足感。雖然切割完整的琴鍵既無聊又耗時，可以交給別人執行，但安德魯知道那是「優秀作品」的一環。不論無不無聊，安德魯都認為值得。完成無趣的環節是替作品負責。那正是成為專家的責任。

學習以團隊的形式工作

我和約書華、保羅在學徒時期的早期階段，都是待在別人的屋簷下，必須依照別人的方法做事，很少有自主權。我剛取得醫師資格、開始選擇專科時也一樣。我很早就知道自己想成為外科醫師，抓住每一個能待在開刀房的機會。我真正想做的事是親自動手術，但只被允許在一旁「協助」，意思是我得拿著牽引器這項手術器材撥開器官，方便外科主任看清楚。

我花了數小時緊握一把彎曲金屬工具的柄，看不見另一頭發生什麼事，手稍微一動，就被主任罵。我是最底層的長工，再加上大型手術同時有好幾名助手，有時我根本什麼都看不到。我只是第三助手，沒人在意我舒不舒服，我經常得同時對抗無聊和背痛。我可以理解美國的外科住院醫師為什麼都說，牽引器是「白痴的棒子」，因為就連白痴都能拿著，感覺完全在浪費時間。為什麼不能找別人代勞？

日後我在無數的手術中主刀後，終於明白每個人都專注於做好分內之事有多重要。我曉得當團隊成員有人心不在焉，有可能令人暴跳如雷。你即將夾住與縫合出血的動脈，結果助手沒拿好牽引器，一圈腸子從後方滑出。原本找到動脈了，這下子又不見了，你得從頭開始，火冒三丈。對於感到無聊的助手來講，這只是另一個他們看不到全局的例子——他們不明白儘管無聊，基本工作有其價值。

我剛開始在索韋托的巴拉瓦納斯醫院接受外科訓練時，必須輪流到敗血室清理膿血。老鳥醫生不肯做這種工作，因為一點也不帥氣；我得一個人執行臭氣沖天的步驟。當然，我明白膿瘡害病人痛苦，我也嘗試盡心盡力地完成，但總有感到做那種事不怎麼有趣的時刻。

後來我接受一般科訓練時，又有過類似的體驗。我得看「加號的臨時病患」——有些民眾會在早上或晚間的門診結束後跑來，臨時插隊。大部分是可以簡單解決的問題，例如：孩子耳朵痛、女性需要拿事後避孕藥，或是病患的重複處方箋吃完了。對當時的我來講，這一部分的工作簡直瑣碎透了，但實際上完全不是如此。我從中學到的東西遠比想像中來得多。不論是哪一種專家，起點都必須花時間，而且是花大量的時間待在你即將加入的領域。你得熟悉那個領域的材料、工具與人員，過程通常乏味至極、令人沮喪，但你不付出那樣的時間，就無法離開起點。

當然，你成為學徒時，也並非完全從零開始；專家之路很早就展開了，起點遠在你年紀還很小的時候。遠在我仍有許多年才會研讀解剖學之前，更別提我還在醫院病房抽血的時候，就在蒐集相關的知識技能。我在家中和小學學習讀書寫字，動手做勞作，嘗試五花八門的事，有時會失敗。這樣的過程持續到中學時期，我吸收更多的知識，用雙手做更多事，學習基本的科學原理，瞭解實驗室要做哪些事。此外，我和其他每個人一樣，與人合作，學著和班上的孩子相處，包括我不喜歡以及討厭我的同學。本書出場的所有專家也一樣，正在讀這本書的你也一樣。裁縫約書華和石雕師保羅在展開自己選定的職涯前，也運用雙手做過數十年的事，同時與他人合作。

要加入任何團體，你都必須努力爭取一席之地。剛才提過，這通常始於做其他人不想做的工作。這種工作通常是一種「通過儀式」(rite of passage)，讓你得以入會。在日本學武術，一開始得先負責洗老師的碗。你得製作口袋蓋，或是替下週要開刀的病人抽血液檢體，展現你願意加入整體工作的誠意，不能挑挑揀揀，只做感興趣的事。

一開始，你是最底層的人，做沒人要的屎缺。你看不出你的工作和別人的工作有什麼關聯。工作內容通常很繁瑣，人家叫你幹什麼、你就幹什麼，沒人在乎你喜不喜歡，你覺得自己像機器裡的小齒輪。我開始當實習醫師時，早我一年加入團隊的學長把我拉到一旁，解釋那裡的做事原則。「羅傑，真的很簡單。」他說：「屎往低處流，而你在最下面。」

實務社群

令人沮喪的菜鳥工作，重點在於你將熟悉日後會派上用場的技能。不論你喜不喜歡，你就是得抽血，就是要製作口袋蓋，不過還有一件事——你將加入實務社群。

實務社群概念的先驅包括社會人類學家珍．拉夫(Jean Lave)，以及對人工智慧感興趣的教師愛丁納．溫格(Etienne Wenger)。拉夫與溫格認為，我們全是多個社群的成員。當我們加入足球社、換工作、學習新技能、在學校上不同的課程，都是成為新社群的一員。每個社群都由同心圓組成，我們起初在邊緣，但即使位在邊緣，依然是「合法參與者」(legitimate participant)，有權待在那裡。我們已經加入了足球社，因此不同於正在考慮加入的外人。不過即便已經起步，我們能做的事不多。我們在成為隊員之前還有很多東西要學。

邊工作邊學，令人戰戰兢兢。有時有人告訴你要做些什麼、制度是如何運作，但通常大家不會那麼做，單純認為你理應知道這些事。但你怎麼可能知道？

我有了抽血的經驗後，很快就第一次進開刀房。更衣室的一名實習醫生教我如何找到尺寸正確的手術衣與手術鞋，示範手術帽與口罩要怎麼戴、要去哪間手術室。我感到自己很專業，走路有風，大搖大擺推開手術室的門，瞬間有人大喊：**「不要那樣做！」**每個人都轉頭瞪著我。我恨不得地上有洞可鑽。一直到今天，我還是不曉得當時自己做錯什麼，只知道破壞了某種我根本不知道的規矩。

發生那種情形時，我們要如何知道究竟發生了什麼事？對新人來講，社群裡發生的許多事似乎令人費解，但漸漸地，我們的「菜味」消失，開始認識人，明白事情是怎麼一回事，發現「這裡的人如何做事」。這是一個緩慢的過程，但我們隨時在向群體中的其他人學習。告訴我「屎往低處流，而你就在最底層」的那位初級醫生，他只是稍微比我有經驗，但已經學到我尚未學到的事。那位醫生已經成為我才剛加入的社群的一員，屬於內部知情人士，曉得真實的運作情形，告訴我書本永遠不會告訴我的祕密。

你待在社群裡的時候會朝中心移動。套用拉夫與溫格的術語，這叫「合法的周邊參與」(legitimate peripheral participation)。這個詞彙有點拗口，但描述了進進出出的過程，兩位學者用這個術語談「新人與前輩之間的關係，也談活動、身分、人為產物，以及知識與實務的社群」。

社群的界線是流動的，同仁之間的關係會轉變與重組。我在半夜抽血與重設點滴時，位於初級醫生社群的中心，但隔天查房向主任醫師介紹病患時，局勢轉換，主任在中心，我重返邊緣。

在任何團體中，你的自信會逐漸增強，穩定地朝中心移動。不過，每當你加入新的實務社群，一切又會重頭開始。你是A社群的中心成員，有些事已經成為第二天性，但是當你處於B社群的邊緣，那些事可能就不算數了。從實習醫生到準外科醫師，從準外科醫師到主任醫師，我在外科一路往上爬的每個階段，都會走過同樣的歷程。每當你更上一層樓，你都必須做另一份相當於抽血或做口袋蓋的工作。不論身處哪個領域，你都會碰上自己的跨界移動。

我和裁縫師約書華、石雕匠保羅在苦熬與磨練階段，不知不覺中各自打好基本知識的基礎。這種知識不只是理論性的，還是一種「做」的知識：瞭解素材與身體的實體感。書本提供不了這種知識，你得親身去體會，將感覺、肌肉動作、對素材的熟悉度儲存成心中的資料庫——**尤其**當你的素材是其他人的時候。

與他人合作

有的專家大部分的時間都與他人共度，美髮師就是個好例子。法布里斯・倫格（Fabrice Ringuet）擁有超過三十年的髮型設計與教學資歷，他是 Toni & Guy 學院（Toni & Guy Academy）的訓練長，如今負責管理大師班。他在訓練美髮實習生的多年期間，將知識與技能去蕪存菁。法布里斯和我一樣，我們的苦熬與磨練時期始於撿沒人要做的工作，例如在接待客人之間的空檔掃地、在客人等候時泡茶。那些無聊又討厭的工作，害法布里斯無法接觸他真正想做的事——剪頭髮、做造型、發揮創意。

漸漸地，法布里斯的工作內容開始直接與顧客相關。他在打雜很長一段時間後，進階到幫客人洗頭。過程中，他學到頭髮的外觀與觸感——長髮、短髮、直髮、鬈髮、老與少。他從中學到關於人、關於他自己的事物。他學會克服害羞的性格，倒洗髮精時會輕柔地按摩每一位客人的頭皮。

然而，法布里斯開始洗頭髮時總會出錯。他和所有受訓中的美髮師一樣，不時會把肥皂弄進客人的眼睛。法布里斯得連聲說對不起，趕緊想辦法，不能讓客人對美髮店失去信心。法布里斯和我抽血時一樣，以同理心觀察人，研究客人坐在椅子上、從鏡子看著他時，該如何破冰聊天。法布里斯學到如何進入客人的個人空間，但又不至於讓客人感到不舒服。不過，法布里斯最終進階到為容人剪齊長髮的髮尾。這件事表面上看很簡單，卻讓法布里斯進入新的階段，他再次發現這門手藝有多困難。

法布里斯有無數個小時花在掃地和洗頭，以及把長髮髮尾剪出平整的直線。他在這樣的過程中，奠定了日後的專業技術基礎。在培養技術的同時，法布里斯也朝實務社群的中心移動，在往後的職業生涯中運用這段經驗，扛起指導其他美髮師的責任。

這樣的知識無法速成或抄捷徑。你得靠經驗累積，無法揠苗助長。就如同烤蛋糕，不是你用兩倍的溫度去烤，就能把完成的時間縮短一半。學著「做」，不同於為了考試硬塞一堆知識，接著一週後就忘光光了。整個過程必須花時間熟成。

這種身體感知（bodily awareness）如同不斷練習後學會的語言。要施多少力、何時要鬆手或休息、何時該求救——各種「知道」的過程，自有其速度，無法揠苗助長。然而一旦掌握之後，就會發現慢慢來的好處。麻煩的步驟與不熟悉的動作，將變得行雲流水，不知不覺就能做出來。最終你將不必思考該如何執行子技能，而是把注意力改放在做出成果。

我們所有人都在做一遍又一遍乏味的小事時，學到技巧。約書華縫衣服的針成為手的延伸，最後不必想步驟。我後來拿著針筒與針頭，幾乎能從任何人身上抽到血，就算是半夢半醒的狀態也不是問題。保羅有辦法在自動駕駛的模式下，磨出平滑石面。法布里斯可以一邊和客人聊假期做了什麼，一邊修齊長髮。我們最終無需仰賴新手的好運，也能次次都讓手中的材料變成我們想要的樣子。不過，在抵達那樣的境界之前，先得熟悉我們的材料。

在非專家的眼裡，布就只是布，石頭只是石頭。人體也一樣，似乎都差不多。乍看之下，你可能以為頭髮就只是頭髮。但沒有這回事。修齊髮質不同的兩頭長髮，體感體驗並不一樣。

所有的素材都是如此。每種長度的布、每塊石頭、每一個人，不同之處太多了。我們不可能以抽象的方式學習技巧，唯有放在情境之中，技巧才有意義，包括**某種**長度的布、**某塊**花崗岩、**某個**特定的人。

到目前為止，我談的是物質世界，但「素材」不只是你能碰到或看見的東西。如果你要處理的是文字、股票、電腦程式，你也是在處理工作素材。學著掌握這些無形的素材所需的時間，就跟掌握實體素材一樣長。你仍得花時間弄通基本的技能，接著學習如何讓它們有模有樣。

減少出乎意料的狀況

我、約書華與其他人掌握的技巧，絕對有其實用的地方。西裝外套需要口袋蓋，病患需要抽血。對於執行的人來講，這些工作不有趣，但不做不行。然而，不只是這樣而已。做重複性的工作除了把時間用在素材和工具上，我們也因此成為數個系統的一分子。第一個系統是剛才提到的實務社群。第二個是架構與組成任何工作地點的實體系統，這點下一章會再進一步檢視。第三個系統是我們腦中的內部系統，我們靠著重複，身處其中。這點可以用神經科學的「預測編碼」(predictive coding) 概念解釋。

大腦的工作不只是吸收並處理每一件事，而是盡量減少出乎意料的情況。你的經驗愈豐富，嚇一跳的機率就愈低，看上去大致相同的東西，尤其適用於此一概念。舉例來說，你處理的每一塊布可能有所不同，但是把口袋蓋製作成一定的規格，將能減少變數，讓生活變得容易一些。當我漸漸掌握抽血的竅門時，能辨認出一些模式——我知道哪些血管大概硬如陶管，哪種血管針一碰就瘀青。我開始知道一件事大致有哪幾種常見的變數，運用技巧時見機行事。我就像是西洋棋或橋牌的初學者，開始發現常見的開局法其實數量相當有限。一旦知道有哪些可能性，通常就能未雨綢繆。預測編碼就是這樣的一種概念。

一路上，大腦會集合一連串的「事前機率」（probability prior），也就是預測接下來可能發生什麼事。如果一如所料，大腦不會有太多動作，只會認可事情如同預期。然而，如果預期的結果**未**出現，大腦會很訝異，採取應有的行動。我們先前的知識會帶來假設，告訴我們大概會發生什麼事，接著由我們的感官提供確認或牴觸的證據。

某個領域的專家與非專家，差別在於專家靠著先前的經驗，累積了豐富的預期，有辦法「抽樣差異」，不必耗神處理碰上的每一件事。非專家則必須從零開始，分析並詮釋所有感官帶來的資訊。

這一點足以解釋苦熬與磨練的價值——逐步暴露於各種體驗與感官印象，讓大腦得知可以預期哪些事。那樣的「知」需要花很長的時間才能獲得，不過一旦留在腦中，很少會消失。一個傳統的例子是騎腳踏車。我們早期與實體世界的互動（平衡、協調、重力感），讓我們在初次學會騎車的多年後，即便騎上一輛不熟悉的腳踏車，依舊不會摔下。即便語文記憶（verbal memory）消失，身體記憶（physical memory）通常會留存，這在外科領域也是一樣。

我是在兩年前和佛羅倫絲．湯瑪士（Florence Thomas）女士談話時，發現這件事。我們見面時她高齡九十七，剛住進養老院。我當時正在研究二十世紀的外科手術史，很興奮能和佛羅倫絲對談。我知道在二戰期間，她在倫敦的教學醫院當過刷手護理師，我想請教當時的情形。

佛羅倫絲在德國轟炸倫敦期間，在開刀房擔任助手。她在戰爭後期認識一名軍人，兩人決定結婚。當時只有未婚女性能擔任護理師，所以當護理師或是結婚，兩者只能擇一。佛羅倫絲因此離職，嫁給了那名軍人，組成家庭，不曾再從事任何與健康照護相關的行業。我在佛羅倫絲離職七十多年後見到她，她的記憶已經很混亂，想不起往事，也說不太出來那段經歷。起初，我以為這次對談要徒留遺憾了。

然而，我的公事包恰巧擺了一把手術器材，我拿給佛羅倫絲。佛羅倫絲把工具反過來，開始用頂端繞圈，像在縫合傷口一樣，接著出乎我的意料，她講出那把工具的正式名稱：「我記得這叫動脈鉗的樣子。」我問佛羅倫絲，她會如何把這個工具遞給外科醫生。她反轉工具，手柄往下遞，那是有經驗的開刀房護理師的標準動作，錯不了。佛羅倫絲已經無法用言語表達，但身體還記得。那把器具的觸感啟動了她的身體記憶。

專業技能的模型

說到這裡，人們到底是如何成為專家的？這方面的文獻汗牛充棟，大量研究人員提出了各種概念模型，其中一套知名理論包含以下四個階段：

一、不自知的無知（unconscious incompetence）：甚至不知道自己做不了。

二、自知不足（conscious incompetence）：痛苦地意識到自己沒有太多能力。

三、自知有能力（conscious competence）：專心的話做得到，但不到庖丁解牛的境界。

四、臻至化境（unconscious competence）：最後的階段是不費吹灰之力，就展現真正的專家功力。

各位可以用學開車來想這幾個階段。一開始是最初的課程：你踩離合器換檔時動作不協調，無法一邊看汽車鏡子，一邊轉動方向盤。到最後，你進階到開了兩小時的車回到家，根本記不清開車的細節，因為你專心和車上的乘客聊天。你的「做」已經自動化，不必想也能開車。然而，這當中發生了什麼事？

艾瑞克森（K. Anders Ericsson）是研究專業技能的重要學者，葛拉威爾（Malcolm Gladwell）等作家的引用，普及了他一生的研究。艾瑞克森花了數十年研究音樂與西洋棋等領域的「菁英」（elite performer），試圖找出他們的祕訣。他的研究顯示，所有的成功專家至少投入十年的歲月練習——或是一萬小時。這個神奇數字甚至成為大眾文化琅琅上口的一句話，但艾瑞克森的研究經常被誤解成任何人只要練習那麼長的時間，一定會成為專家。然而，他要講的是，**少了**那麼多的投入時間，沒人能夠成為專家——不是只要花一萬小時，就絕對能成功。約書華當年要是沒花時間製作口袋蓋，不會成為今日的大師級裁縫。不過，要是他學會做口袋蓋之後，沒把那項技能當成起點，持續累積，進一步培養實力，他就只擅長做口袋蓋而已。約書華今日端出的成品，遠遠超過重複做口袋蓋帶來的技術純熟度。

艾瑞克森的洞見之一觸及練習的本質。許多人達到艾瑞克森所說的「穩定的表現漸近線」（stable performance asymptote）——好到足以做想做的事，但未能逼自己表現卓越。此類現象常見的例子，包括學習社團程度的網球或開車。然而，艾瑞克森表示，如果你想成為專家，光是一遍又一遍做同樣的事還不夠。練習必須持久而刻意，有專家在一旁指點，而且要有意精益求精。少了這些要素，只不過是一份工作或娛樂而已。

其他作者則提出不同的論點。我尤其喜歡「例行性專業知識」（routine expertise）與「適應型專業知識」（adaptive expertise）的概念。這個概念由教育研究人員卡爾．貝萊特（Carl Bereiter）與馬琳．史卡達馬利亞（Marlene Scardamalia）提出。「例行性專業知識」是指你學會以特定的方式做某件事，接著每次都用那種方式做。如果是重複型工作，如抽血、製作口袋蓋與大鍵琴琴鍵，例行性的專業知識就夠了。沒有必要每次做某件簡單的工作，就發明一種新技巧，把腦力浪費在重複性的工作上。你只需要練就以特定的方式做事，接著把那件事交給內在的自動導航系統就夠了。以學開車來講，這種作法可以有效解決可預測的情境。困難則困難在出現意料之外的事，因為你必須換個方式思考。據說心理學家馬斯洛（Abraham Maslow）講過一句話：「如果你手裡唯一的工具是鐵鎚，你很容易把每一樣東西都當成釘子。」你依據已經存在的解決辦法詮釋新問題時，有可能導致不良的決策。

「適應型專業知識」則是有辦法提出新的方法。培養適應型專業知識的人士會刻意尋求全新的挑戰，踏出舒適圈，強迫自己重新思考。原本需要努力才能做到的事，在擅長之後可以空出腦力，而適應型專家會利用這多出的餘裕來改善技能。貝萊特與史卡達馬利亞形容那是「將釋出的注意力資源，用來解決更上一層樓的問題」。

回到開車的例子。適應型專家不會把多出的注意力，用在與乘客聊天或者聽收音機，而是努力培養更好的駕駛技術——以更熟練的方式判斷路況、在霧中開車、在練車場練習行駛濕滑的路面。我認為所有人都能同時培養這兩種專業知識，在「例行性」與「適應型」之間切換。這麼做，可以帶來改變人生的結果。以賽車手范吉奧（Juan Manuel Fangio）的例子而言，甚至能夠救命。

一九五〇年，全球最頂尖的賽車手范吉奧，參加「摩納哥大獎賽」（Monaco Grand Prix），賽事中出現連環車禍。范吉奧當時領先一圈，以最高的速度行駛。撞車地點就在前方，但不在他的視野內，而是過了下個彎道的地方。眼看悲劇就要發生，范吉奧並未一頭撞進事故現場，他突然放慢車速，在千鈞一髮之際停下。范吉奧事後被問到這件事，他解釋自己在準備這場賽事時，看過一九三六年類似意外的照片。范吉奧駛過急轉彎，即將來到撞車地點時，他發現群眾看起來有點不一樣——顏色變了。范吉奧明白這代表觀眾沒在看他，而是同時面向另一個方向，他看到的是大家的後腦勺。觀眾的注意力被前方的事故給吸引，無暇看著朝他們而來的范吉奧。范吉奧想起在照片上看過類似的事，便用力踩下煞車，在撞上的前一秒停下。

以上的一切無疑發生在一瞬間。在如此高速之下，多數賽車手會把所有的注意力放在不要衝出跑道，范吉奧卻有辦法在那個瞬間注意到有事情不對勁，處理資訊，解讀自己看到的現象——而且還有時間採取行動。范吉奧惜字如金，賽後只說：「我很幸運。」然而就我來看，范吉奧能逃過一劫不是運氣好，而是憑藉適應型專業知識。

這一切令人好奇苦熬與磨練的重要性，以及我、約書華、法布里斯等人在當菜鳥時，職涯初期經驗的重要性。就我們的觀點來看，當時只是必須做什麼就去做，並未像艾瑞克森所說的那樣，投入持續性的刻意練習，明確想著要進步，而是由環境及周遭人士的期望，支配我們的工作內容。沒人在乎我們的感受，沒人在意我們學到什麼。然而，不論我們是否意識到，我們因為長期沉浸在自己選擇的工作之中，得以累積「做」的內在知識庫——儲備了無論讀多少書都得不到的身體知識。

以臨床醫學來講，書本中的知識和「實作」通常是兩回事。我教醫學院學生抽血或縫合傷口時，學生通常很訝異做起來有多不順手。他們從小一路到大學成績優秀，習慣不費吹灰之力就能掌握新知識；眼前的肢體任務表面上看著簡單，卻不在他們的經驗範圍內。他們感覺像是五歲小孩，連個鞋帶都繫不好，因此嚇一大跳。醫學院學生不像裁縫師約書華或石匠保羅，他們自始至終不曾與材料和工具交手，缺乏經常性接觸所帶來的自信。

我們在學新東西時，最好事先能有心理準備，知道技能要花很長一段時間才能掌握。你會知道實作的時間不能省，明白為什麼有的技巧出乎意料地困難，上手時間遠比你以為的久。此外，你也會明白為什麼偶爾會卡住。

進步的意圖

我在當一般科醫生的時候跑去學了雜耍。有好幾個月的時間，都在執業地點附近的市民中心上課。老師安德利亞（Adrian）令我躍躍欲試。他身材瘦高，全身刺青，是英國最優秀的雜耍表演家。這位大明星在全國各地的雜耍慶典大出風頭，一次可以拋接七到九個球。

我從拋接三顆球開始。三顆是最基本的，大部分的人幾小時就能學會。每顆球從一隻手拋到另一手時，理論上會形成優雅的弧線。一開始你會很沮喪，大部分的時間都在撿球，但最終你會抓到訣竅，先拋出一顆球，再接住先前拋出的那一顆，抓到節奏，不必多想就能做到。變化的形式多采多姿，一百年都學不完，但基本概念很簡單。我大量地練習，很快就可以要拋多久就拋多久，不會失誤。

三顆球搞定之後，我自然想更上一層樓。下一步顯然是進階到四顆球。然而，拋接偶數顆的球，遠遠不同於奇數顆。拋四顆球的時候，不再是一顆接著一顆，從一隻手拋到另一隻手，而是有兩套獨立的模式——一手負責一套。你得用很快的速度，兩隻手分別把兩顆球拋成圓弧狀，看上去會是四顆球全部一起交錯，實則不然。我感到這部分很困難，但幾個月後也做到了。

五顆球是個大關卡。由於再次是奇數模式，每顆球都是從一手拋到另一手，聽起來不會比三顆困難多少，但真的很難——難上十倍。首先，你在拋和接的時候，準確度都得大增。此外，你必須用極快的速度，連續把球拋到很高的地方，一拋一接，一拋一接。我怎麼就是辦不到，連續練了好幾個月，直到今日依舊沒破關。安德利亞連在睡夢中都能拋接五顆球，他自己很厲害，卻不知道如何協助我過關。安德利亞試過一個又一個辦法，但我就是學不會。我卡在一個過不去的門檻，怎樣都克服不了障礙。

前文提過，「重複」在任何領域都是家常便飯。你一定得去做，才有辦法進步，但光是做還不夠——我們太容易原地踏步了。你一旦掌握工作的某個面向，不論是抽血、製作口袋蓋或任何事，你得突破某個隱形的障礙，才有辦法抵達下一階段。艾瑞克森所謂**帶著進步的意圖**，持續刻意的練習，就是這個意思。

每一回你突破這種隱形的障礙，你在專家之路上又前進了一小步。每當發生這樣的事，你立刻專注於新的挑戰，忘卻先前有多努力才抵達目前的境界。不這麼做，你將永遠卡在原地，就跟我試著拋接五顆球一樣。

如果我想成為像安德利亞那樣的專家，就得想辦法突破障礙，只是雜耍對我來說是休閒，不是職涯。我有了一定程度後，就不曾努力抵達下一個階段。我來到艾瑞克森所說的「穩定的表現漸近線」之後，就停滯不前。

我的醫學工作則不一樣。儘管我覺得抽血很困難，我還是下定決心做下去，試著掌握訣竅。我不斷練習，最終抵達想去的地方。

抵達

時間回到一九七四年的曼徹斯特。我慌亂地準備替急診室的病患插靜脈留置針，架設點滴，緊張到全身僵硬。不過我那天很幸運，一名經驗豐富的護理師幫我組裝好器材，準備好輸液。病患的血管又很好找，連新手都找得到，我一試就成功了。回血時，我把留置針推入病患的血管，護理師替我接好管子。病患滿懷感激地說：「醫生，謝謝您。」我當時還只是學生，病人就喚我「醫師」，心裡不禁自豪，也感到心虛。

儘管當時我和抽血打交道的經驗很有限，當我被緊急叫去做第一次嘗試，還是有辦法完成陌生的程序。那是重複的力量。然而，不論你的活動領域是什麼，實作的時間沒有捷徑，無法撥快時鐘。瞭解這一點，可以幫助你做好心理準備，萬一進度緩慢，不代表你笨，只不過是每種「施做」的技巧規則不同。這樣的「知」，不同於事實或數字方面的知識，需要以不同的速度培養。記住，在灰心喪志、看似陷入泥沼的時刻，上述過程已經在發揮作用，終究會開花結果，只需努力下去就可以了。

有一次喝下午茶時，我告訴團隊裡一位經驗豐富的醫生，我頭一回抽血感到有多不容易，但她茫然地看著我，早已忘記自己仍是菜鳥時，很簡單的工作也會搞得笨手笨腳的感覺——抽血到底有什麼難的。當時，那位醫生抽血已經抽到有如第二天性。她已經完成過渡期，看不見我面對什麼樣的鴻溝。一段時間後，我也變得和她一樣。

我掌握了抽血的技巧，理出頭緒，用自己的方式追蹤樣本瓶、實驗室表格、針筒與針頭。我有辦法裝點滴，操作器材，接觸這輩子沒見過的病患時也有了自信，逐漸接受自己帶給對方必要的不適。我開始加入實務社群，甚至有辦法協助資淺的醫生，針對自己一度感到困難的事，傳授幾招。在這個時期，我就開始忘卻先前感到的困難。我無法從菜鳥醫師的角度出發，因為我已經向前邁進了。我在成為專家的路上又踏了一步。

我從抽血中還學到其他東西，我當時沒發現那些事其實更重要。我專心替所有的病患抽血，趕在實驗室關門前完成；那不只是在學習注射針頭的技術，也是在學習如何與人對談和聆聽，取得對方的信任，願意讓我進入他們的個人空間。我學習硬下心腸完成工作，即便我造成他人的不適，自知比我有經驗的人會做得更好。我學習對病患抱持同理心，小心處理我與另一個人之間發生的事——記得謹記那個人感到焦慮，惶惶不安。

簡而言之，我學著當醫生。

成為醫生、裁縫、髮型設計師，不只是學習技術那麼簡單。你必須開始用醫生、裁縫、髮型設計師的思維來**想事情**，不只是單純從事這些職業的行當。我的內心深處有東西在變化。有人喊我「醫生」時，我不再感到不好意思，而是自然地轉身詢問：「有什麼需要幫忙的？」

4 運用你的感官

一九八二年的某個午夜，我是巴拉瓦納斯醫院外科部的「第一當值醫生」，準備替一名叫波比的病患動開腹手術。二十六歲的波比罹患傷寒，這種可怕的疾病害她腸穿孔，全身敗血症反應，奄奄一息。我當時已經做過大量的開腹手術，但不曾見過傷寒。才劃下第一刀，我就知道麻煩大了。波比的腹腔全面化膿，腸子穿孔，腸裡流出東西，看起來一團糟，還散發一股惡臭。

教科書上教的如何替破洞的腸子開刀，再順理成章不過。你拿掉壞死部位（外科術語是「切除」〔resect〕），重新接上切除的兩端，讓腸子「吻合」（anastomosis），完美密合。步驟是，首先你決定要切除多長的腸子。接下來，找出供血給那段腸子的動脈和靜脈，夾住，切掉，綁好血管，確認沒有出血。好了之後，手術鉗放在腸子上，以解剖刀分開，移除壞死的部分，把剩下的腸段接在一起，用針線或縫合釘器材縫合。

當然，以上流程聽起來簡單，實際做起來卻是大工程。別的不說，你需要確認你切除的長度剛剛好，只剩健康的腸子，而且接口處有良好的血流供應。這步驟沒弄好，接口不會癒合，甚至在接下來幾天開始滲漏，那就大事不妙。然而在開刀的當下，很難判斷血流是否供應良好。

問題出在波比沒有任何地方是完好的。她的腹部器官看起來不像我見過的任何東西。我判斷不出有問題的腸段到哪裡、從哪裡開始是健康的。我先前負責的病患大多是年輕力壯的男性，械鬥之後被送來。儘管傷勢嚴重，器官整體而言是健康的。傷寒則改變了一切。我通常依賴的參照點消失無蹤，只能瞎子摸象。

波比的腹部除了看起來、摸起來和我之前見過的不一樣，表現也不一樣。傷寒會讓人類腸子的黏稠度有如濕掉的吸墨紙；每當我碰觸波比的腸子，就會開始四分五裂。即便解剖構造是我熟悉的，質地卻變得很奇怪。所有的吻合處都不夠緊密，縫合處會滲漏；但要是縫得太緊，又會撕裂。一處沒處理好，就可能造成致命的後果，我得拿捏得剛剛好。然而，我又如何辨識什麼叫「剛剛好」？該移除多少腸子？能拉多大力？萬一愈處理愈糟，怎麼辦？平日的線索不再管用。我得依據自己看到、摸到、聞到的東西下判斷，教科書教不了你那些東西。我必須重新整理我自以爲知道的事——而且動作得快。賭注實在太高了，我驚慌失措，該如何決定要怎麼做？

我當時在專家的修練之路已經走過一段，通過最初的學徒期——先是取得醫生資格，如今成為外科醫生。我經歷過一段手忙腳亂的時期，什麼都不懂，每件事都無法勝任，但現在已然建立內在的感覺庫，相當熟悉自己的素材與工具。我已經在苦熬與磨練階段打好基礎。我閱讀書籍，觀察他人，知道正常器官的外觀與觸感。關於該做什麼，我已經知道許多，但實務上要如何執行，我的知識就沒那麼豐富。本章將探索什麼是習得「動手」的知識，以及做的時候周遭發生的事。由於我在這個階段經驗有限，波比的狀況讓我腹背受敵。

「你就是會知道」

許多專家都提到，「知道該做什麼」與「有能力去做」之間有段距離，就連寧靜的木雕世界也一樣。安德魯．戴維森（Andrew Davidson）是擁有四十年經驗的雕刻師。木板雕刻有數百年歷史，融合了工藝與藝術。我到安德魯家拜訪，他家位於英格蘭格羅斯特郡（Gloucestershire）鄉間一條布滿車轍的泥土路盡頭。我抵達的時候，安德魯正在完成《哈利波特》系列的插畫。我看著他雕刻一塊黃楊木。他使用的雕刻工具，名字可以回溯到數百年前。如同外科醫生的器材，安德魯擺出尖鑿、三角刻刀、雕刻刀、拋光器。我聽著每一種工具鑿進光滑硬木的清脆聲響。安德魯稱之為「用光線作畫」。他不需要用眼睛看，就知道每一劃的深淺是否適中，因為他摸得到、聽得到。

接下來是印製的部分。安德魯利用十九世紀體積龐大的阿爾比恩（Albion）鑄鐵印刷機，放上刻好的木板，正面朝上。他在平滑的石塊上擠出一管黑墨水，讓迷你滾輪的圓柱狀表面包覆好墨水，前後滾勻。調好墨水濃度是關鍵。安德魯靠耳朵，而不是用眼睛判斷。「你滾過石頭時，聽起來要像是氣墊床擠壓出空氣的聲音，」他解釋：「而不是炸薯條的聲響。」

安德魯滾好木刻版的墨水之後，放上一張紙，握著印刷機的平衡手柄，以正確的時長，施加正確的壓力。安德魯抬起手柄，剝下紙，檢視成果。然後搖了搖頭，再次讓木板沾好墨水，放上新紙，重複整個流程，直到滿意為止。

安德魯花了數十年才學會判斷怎樣是「對了」。他說不出自己是怎麼判斷的，因為那與感知有關。安德魯不只運用雙手，還運用全身來「讀」印刷機，回應媒材的觸感、聲音、氣味。安德魯知道往下壓多少力氣是剛剛好。他讓我試作時，我感到無所適從，扯著沉重的控制桿，不曉得該做什麼。

專家和安德魯一樣，倚賴多重感知（multisensory awareness）。分析任何專家的技藝，都會發現類似的事。然而，你和這些專家談話時，他們說不出那是怎麼一回事。他們會說：「嗯，對了的時候，你就是會知道——你就是**知道**。」事實是，除非你像他們一樣已經累積多年的經驗，不然你無法「就是知道」，而且即便達到那樣的境界，依然永遠沒有圓滿的一天。安德魯向我解釋：「我試著用木雕版拓印出完美的畫作，嘗試了四十多年，還是沒做到。我知道自己永遠辦不到，但不會停止嘗試。」

安德魯還指出另一項重要原則。他的素材在處於極限、已經延展到幾乎快斷裂時，會有最好的表現。他最上乘的作品通常出現在素材達到耐受極限、最危險的時刻——如同波比的腸子需要我拿出最好的手術功力。然而，如何判斷極限在哪裡？就這個主題，我從另一位專家身上學到更多。這一次，我走訪陶器的領域。

延伸到極致，幾乎要斷裂

鄧肯．胡森（Duncan Hooson）在倫敦好幾間藝術學院教陶藝。他是擅長教學的老師，也是傑出的藝術家，出過陶器教科書。雖然他訓練出幾位高徒，但他的學生大多還是初學者。我第一次見到鄧肯時，我們聊到素材最多能逼到什麼樣的極限。在鄧肯的口中，那是「處理細薄素材到幾乎要斷裂的程度」。這是每位專家的關鍵技能。我替波比動手術時，就是這般如履薄冰。

觀察鄧肯這樣的專家時，你會感到他毫不費力。他先是像糕點師傅在處理麵團一樣，搓揉陶土，接著轉動拉胚機，把陶土甩在上頭。轉輪加速時，這裡多施一點力，那裡輕輕用手指一捏，陶土就變成流線型的花瓶雛形。鄧肯開始拉製花瓶的上半部，只見他輕輕掐住陶土，拉出瓶頸，待厚度適中後放開。就是那麼簡單。

然而，事情當然沒有表面上那麼容易。那個「掐」是關鍵步驟。掐得不夠，瓶頸會太粗、太醜，對花瓶其他部分來講顯得過厚。然而，掐得太過頭，陶土又會斷掉，支撐不住自身重量，得從頭來過。鄧肯的動作行雲流水，他知道最大的極限在哪裡，卻難以言傳。經年累月的經驗，讓他能察覺快要過頭是什麼感覺；靠著那樣的感知能力，他知道何時該停止，何時還能逼進一些。

鄧肯看上去輕輕鬆鬆，原因是他有數十年的實作經驗。如同本書提到的其他專家，鄧肯已然走過數年的苦熬與磨練階段，製作過成千上萬個盆罐和花瓶。那相當於他的抽血、製作口袋蓋或磨製平整的石面。鄧肯的學生大都缺乏經年累月的經驗，必須學著留意何時已經到達極限，試著抓住「不夠」與「太過」之間、一分神就會錯過的界線。學生必須學習如何留神。

鄧肯則是靠身體去學習。陶匠絕大多數的工作，都是直接用手部和手指完成，偶爾會使用工具，刮去陶土、分離盆子和底座、雕刻花紋等等。然而，大部分的時間，他們以親密無間的方式碰觸陶土，培養出高度的靈敏度。這是鄧肯的身體在和素材對話，因此他有辦法不斷調整。他可能注意到陶土太乾、太軟或太濕等無法定義的狀態。和直尺上的刻度不同，陶土太濕沒有標準、客觀的「濕度量表」。理解乾濕程度，需要動用腦中的知識庫，那個知識庫又是藉由不斷的實作累積出來。

然而，不只是實體的媒材可以「變薄」、延伸到極致的狀態。每當你草擬報告、處理職場衝突、練習一首曲子或寫電腦程式，「完成」與「失敗」永遠形影不離。少了一點，還得再加；再多一點，又過頭了。

在外科醫學，這種實體的「知」是關鍵。你學著「閱讀」你處理的情境、你碰觸的器官。就如開車時的路感，是透過車子的懸吊系統和座位底下傳來——這是一種身體與器械的組合。我是外科醫生，我也培養出類似鄧肯在拉坯拉出瓶頸時運用的技巧。你利用手指和雙手觀察，直接感受到濕度。你判斷器官的潮濕狀況與健康程度，你知道何時水氣過多，器官硬到不正常或過熱。當器官缺乏血液供應、產生缺血時的冰涼感時，會教你心中一沉。你感受到不該有裂縫的地方有空氣感。你察覺到某個人的身體組織有多健康或脆弱。太逼近極限時，你感到大事不妙。

我處理文字時也一樣。我花很多時間撰寫期刊論文並四處演講。這種事也有一條微妙的界線。講太少，大家聽不懂；話太多，又很無聊。有好幾次，這本書感覺像是快要斷裂的細薄素材。如果我讓某一章太短或太長，或是放進太多例子，整本書突然就不對勁了。成功仰賴的是認出邊界，有能力在踏到那條線之前停下來。不論是在廚房裡把醬汁煮濃一點，還是去掉木雕上最後一公釐的木頭，我訪問過的每個人，在人生中都能找到這種微妙的界線，都有辦法察覺快要過頭的那條線在哪裡。

修車技師的手感

即便我當下沒用這樣的角度來看事情，那次在開刀房替波比動手術，讓我碰上手術素材的臨界點。我知道應該執行的手術步驟，我已經做過很多次，也知道器官看起來理應是什麼樣子、觸碰起來是什麼感覺。就算是矇著眼睛，我也能游刃有餘地處理一般病患的腹腔。然而，我從來沒遇過波比那樣的腸子。

我沒料到眼前要處理的素材會那麼不符合常態。大體的解剖學是一回事，活人的身體構造是另一回事，但病患的身體又是另一回事。我的經驗還不夠豐富，無從得知能做到什麼程度，我不知道波比的腸子能忍受多少折騰。如果切除得不夠多，波比會死於疾病。如果切太多，她的消化系統將無法運作。我得找出臨界點，逼近那條界線，但不能超越。我要如何決定那條線在哪?我用手指滑過波比的腸子，仔細觀察顏色，評估觸感，評估該切除哪個部分。

辨識自己要處理的素材的特點，是成為專家的重點。羅伯・波西格（Robert Pirsig）在一九七四年的經典之作《禪與摩托車維修的藝術》（*Zen and the Art of Motorcycle Maintenance*）談過這件事，他稱之為「技師的手感」（mechanic's feel）：

修車技師的手感，來自內心深處對於材料彈性的動覺感受。有的材料缺乏彈性，例如陶瓷，你在拴緊陶瓷螺紋時要很小心，不能太過用力。鋼鐵等其他素材則具備超越橡膠的高度延展性，但除非施予大量機械力，不然延展性不是很明顯。

螺帽與螺栓的機械力範圍很廣。你必須瞭解在那樣的範圍內，金屬具備延展力。你在鎖螺帽時，有一個叫「用手鎖緊」的點，也就是已經接合、但金屬尚未被迫延展的程度。再緊一點，是表面開始延展的「緊貼點」。接著再緊的話，則到了「密接」的程度，此時金屬的延展性發揮到了極限。觸及這三個點需要施的力道，各種尺寸的螺帽與螺栓都不相同，如果是上過潤滑的螺栓與防鬆螺帽也不同。鋼、鑄鐵、黃銅、鋁、塑膠、陶瓷需要的力道，也各有不同。

不過，擁有技師手感的人知道什麼時候已經鎖得過緊，應該停下。缺乏手感的人則會過頭，鎖壞螺紋，密接過頭。

我採訪過的所有專家都懂技師的手感，也明白撐到極限的挑戰。不論是剝田鼠皮的標本師德瑞克、捕捉暮光下湖面光影的雕刻師安德魯、替翻領垂度打樣的裁縫師約書華，我們都依賴書上所說的「體知」(embodied knowing)。

在開刀房裡，眼前是波比因為傷寒穿孔的腸子，我得動用自己所有的技師手感。我處理她脆弱的腸子時，重新調整拉扯時能出多少力、可以縫多緊。我用平日的技巧，小心翼翼嘗試分離一段腸子。只見腸子在我手中支離破碎，我明白自己得加倍小心。我自認是動作輕柔的外科醫生，但這下子得重新校準，千萬不能搞砸。

成為專家要耗費的時間會那麼久，原因是你得熟悉五花八門的狀況，光是掌握「理想」的狀態還不夠。你得處理的素材，有的老舊、脆弱、不順手、摸起來不舒服、惡臭，甚至是危險。我替波比動手術是在處理熟悉的素材，但素材處於我不熟悉的狀態，有如摩托車生鏽的螺絲釘或腐蝕的零件。我得擴大我那技工手感的感應範圍，處理不符合常態的情境。

不論是抽血時不讓樣本混在一起，或是避免讓木雕版上沾的墨水暈染出大黑點，當你努力做到基本原則時，會逐漸習慣工作的身體環節。漸漸地，你做動作時不太需要全神貫注，反而更像是例行公事。你不再手忙腳亂，處理的素材不再與你對抗。你愈來愈意識到「你」和「你在做的事」的交會點。這種感覺不完全在你身上或你的素材上，那是一種對話。

感官的語言

我們很少一次只使用一種感官。說到感官，我們會想到觸覺、視覺、聽覺、嗅覺、味覺，就像「亞里斯多德五感官」（Aristotelian five）是我們唯一擁有的感官，但是神經科學家與哲學家談到的感官五花八門，可能多達二十五種，其中分為「外感受」（exteroception，辨識來自身體之外的資訊）與「內感受」（interoception，來自身體本身的資訊，包括平衡感、方向感，或是人體生理機能暗中的運作）。要成為專家，就必須整合這些外在與內在的世界。感官參與讓看變成觀察、聽變成傾聽、摸變成感受、吸氣變成辨別氣味、吃變成品嚐。不過，我們自感官獲得的資訊並非固定不變，受到我們身心狀態的影響——激動、疲勞、飢餓、壓力都會左右我們感受到的東西。

即便是「亞里斯多德五感官」，傳統的感官分類法也不是非此即彼。我們或許不會透過正式的方式體驗聯覺，但我們的感官通常有所重疊。我當外科醫生時學會用手指觀看。當我的手深入某個人的腹腔，我可以建立那位病患的器官圖像，學著在我能觸摸、但無法看到的地方，辨識出哪些地方沒問題、哪些地方出了問題。所有類型的素材都一樣，不只是絲綢和法蘭絨彼此不同，每塊絲綢也帶有自己的特性，每塊法蘭絨亦然。小說不同於博士論文，即便兩者的文字量都長達一本書。

每一種感官也有自己的特色。舉例來說，觸摸帶有視覺與聽覺缺乏的直接性。看與聽有時稱作「遠端感官」(distal sense)。如果有人在遠處，你看得見他們，他們不一定看得見你。聽覺也一樣。觸覺則屬於「近端感官」(proximal sense)。如果你摸到某樣東西，那樣東西也會「摸」到你，因為你們直接接觸。那樣東西會回應你的觸摸，即便是無生物也一樣。這點在醫學領域尤其明顯。你檢視尚有意識的病患時，他們一定會感覺到你在碰觸他們。所有涉及其他人的工作也一樣。不論你是否自覺，你同一時間既是在接收資訊，也是在傳遞資訊。美髮師法布里斯即便是在當學徒的時期，每次幫客人洗頭、觸碰他們的頭皮，也是在傳遞關於他本人的訊息。

值得留意的是，素材需要你「收聽」自身的感官。這件事需要練習。我們很容易隔絕感官資訊，視而不見，聽而不聞，碰了跟沒碰一樣。留心的意思是活在當下這一刻，運用**注意力**。你必須留意「素材」與「你這個人」的交會點。專家不只會留神，還會詮釋並找出意義，回應感知到的東西，採取行動。

哲學家海德格(Martin Heidegger)後期的演講，以精煉的語言提出這一點：

正在學習打造櫃子等物品的家具學徒，可以作為例子。他們的學習有一部分是在練習，讓自己熟悉如何運用工具，有一部分是在蒐集知識，瞭解自己將打造的物品通常具備的形式。然而，還不只是這樣。若要成為真正的櫥櫃製作者，最重要的是讓自己回應各種類型的木材，以及木頭內部的紋理——那些木材將帶著暗藏的豐富本質，進入人們的住處。事實上，這門手藝的精神就在於與木材建立關係。

不論你正在成為哪個工作領域的專家，道理是一樣的。海德格所說的「與木材建立關係」，也能套用在布料、頭髮或鍋爐上。你必須和你運用的素材產生連結，留意它們隱藏的微小細節與差異。

外科手術也是一樣。活體器官不同於解剖室裡的器官，不是靜態的；它們有著自己的特性。一切並非全然靜止不動。你如果戳輸尿管，輸尿管會像蚯蚓一樣「蠕動」。健康的腸子也會扭動。腸子不只是腸子，布不只是布，石頭也不只是石頭。二十歲的健康人士發生車禍時，他們的腸子完全不同於虛弱的九十歲糖尿病患者，更別說是波比那樣的病患。

一段時間之後，你將逐漸瞭解你的素材，培養出敬重與喜愛之心，即便它們令你感到沮喪。不過前文也提過，光是做過一遍又一遍還不夠。鄧肯的製陶能力不只來自於重複，真正重要的是重複帶來的結果。鄧肯培養出一種敏銳度，他坐在拉坯機前面時，有辦法「閱讀」手指、身體與他拉的陶土之間發生的事。他還可以辨識出快要過頭的早期訊號，趁還來得及，即時採取行動。鄧肯留意自己的實體世界，靠著活在當下這一刻，做到這件事。

不論你做什麼，都會有東西可以類比鄧肯坐在拉胚機前運用的手指與身體，以及他所拉的坯。為求進步、在日後專精此道，你必須培養專注當下的能力，即便是在素材看似分崩離析的時刻也一樣。沒有人能完整告訴你，你觸碰一樣東西時會有什麼感受，你得親自體會才知道。教科書的敘述大都派不上用場——光靠文字，無法準確說出某樣東西「剛剛好」的狀態。外科醫學的敘述風格，都是「確保吻合低於最小可能張力」或「盡量移除、但不超過所需之量」，但除非你經驗豐富，要不然這類的指示幫不上忙。唯有你已經會了，才懂得那些話到底在說什麼，而那樣的「懂得」必須從做中學，體會素材帶來的感受，從錯誤中學習。

當你處理過在下一秒即將失控的素材，才會獲取這樣的知識。

聽身體說話

每當我連續動手術好幾個小時，在夜間救治一個又一個被刺傷或中彈的病患，我注意到自己會變得很笨拙。手術器材不聽使喚，針握不穩，消毒棉從我手中掉落。碰到這種狀況時，起初我會氣自己，後來我學會留意這種心浮氣躁其實是疲憊的徵兆，暗示我該休息了。我實際上並不感到特別疲累，因為急診手術讓我腎上腺素亢奮，但我的表現開始下滑。

專家除了擅長掌握自己處理的素材，也愈來愈懂自己的身體。他們會留意並解讀專注力開始下滑的細微跡象，採取行動。快要撐過頭的是自己的身體時，他們都知道。

不只是開刀房如此。我和許多人一樣用電腦寫作。多年來，我幾乎想也不想就能打字，鍵盤是手指的延伸，但我並非生來就會打字。在我還是青少年時，父母要我去上兩星期的盲打課。當時是機械打字機的年代，文書處理器尚未問世，打字工作通常由專業人士負責。他們必須接受一、兩年的課程，課程內容是無止境的練習，一週接著一週做著大量的無聊練習，接受速度測驗。我的課程和專業人士很不一樣，總共只有十堂一小時的課，週間每天上一堂，連上兩個星期。事先不用準備，課後不必練習，沒有回家作業。那是我同意去上那門課的原因。

每一天，我坐在二十人的班上，每個人坐在一台打字機前。鍵盤上的字母被蓋掉，根本看不到鍵盤上的字樣。打字機的「Home」鍵是紅色的，手指必須懸在上方預備好，每按下一個字母，就得回去一次。其他所有鍵都是灰色。前方的大銀幕上，有類似的鍵盤投影。上課時，預先錄好的指示會緩緩地以單調的節奏念出字母，兩秒鐘念一個。每個字母的鍵會在銀幕上亮起，我們就得在自己的打字機按下相同的鍵，速度隨著課程進展而加快，由打隨機的字母變成打簡單的字詞。來到課程尾聲，我的打字速度已經不錯，節奏穩定，完全不需要看鍵盤。那是我學過最實用的技能。

然而，我後來發現我的打字準確度與速度並不一致，要看我當下的身體狀況。身體疲累時，我一不小心就會出錯，得回頭用修正液改正，很浪費時間，還會打斷我的節奏。我開始對自己和打字機感到煩躁，每況愈下。日後我在開刀房發現，那股煩躁是在告訴我，我需要停下來了。我花了很長的時間才有辦法「讀懂」自己的身體。即便是今日寫作時，我也需要一陣子才能辨識出訊號，得知專注力已經撐到極限，需要休息。

波西格在《禪與摩托車維修的藝術》也談到類似的經驗。他在蒙大拿州的峽谷和兒子克里斯（Chris）一起健行，當時兩個人都很累。「大約到了下午三點，」波西格寫道：

「我開始雙腳無力，該停下來了。我的狀態不是很好。如果你出現腿軟的感覺還繼續走，你會開始拉扯肌肉，隔天會很痛苦。」波西格察覺到自己在那種情境下的身體狀態，據此做出決定。

專家的心中有一塊儀表板，隨時注意雙手、工具與素材之間發生什麼事。他們知道何時要繼續努力，何時則該休息。任何曾經花時間學習技能的人都熟悉那種體驗。我和不同領域的專家待在一起時，不斷聽到相同的故事。專家都和自己使用的素材和工具培養出關係。每樣東西都有自己的「物質性」(materiality)，物理性質決定素材會發生什麼狀況。成為專家，就是在學習辨識此一物質世界不明顯的線索。

把時間花在素材上之後，你將逐漸理解素材的本質，也理解自己的天性。剛才我用打字的經驗指出，即便是寫作這樣的抽象活動，也有強烈的物質元素。如果你把注意力集中於自己的身體，你會感受到握筆的觸感、你書寫的紙張質地，或是指尖下電腦鍵盤凹凸不平的地方，以及你打字時鍵盤的喀喀聲。然而，我們在描述專家的工作時，觸覺、聽覺與嗅覺通常都被省略。

培養這樣的覺察能力是一個長期的過程，沒有捷徑。然而熟悉之後，你會開始瞭解事情可以逼到多緊，何時則需要鬆手。精通感官的語言是你在專家之路的下一步。

「看」與「觀察」的差異

我還記得當年在當外科的住院醫生時，有一次協助主任醫生進行常規性的副甲狀腺切除術（parathyroidectomy）——簡單來講，就是開刀拿掉副甲狀腺。副甲狀腺是一種奇特的構造，通常位於頸部（但也並非總是如此）。我在讀解剖學時學過副甲狀腺，但不曾在現實生活中看過。副甲狀腺的名稱由來是它們通常位於甲狀腺旁邊，但功能毫不相關。副甲狀腺製造的荷爾蒙能調節鈣的代謝，有時也因為出了問題，必須切除。其構造通常是四粒粉色的小豆子，但出了名難找，大小、數量、位置的差異極大，動手術時很難辨認。

主任醫生劃開病患的脖子，開始探索下方複雜的解剖構造。頸部布滿脆弱的構造，必須小心翼翼地撥開，避免動到微小的神經支脈。主任醫生動手術時沉默寡言，不會解釋自己在做什麼，但每隔一陣子就會咕噥：「就在那，看到了吧？」然後繼續進行手術。我根本不知道他在說什麼。我離得太遠，看不到任何疑似副甲狀腺的東西，但也不想一副無知的樣子，所以保持沉默。感覺過了像是一萬年之後，我突然看見主任醫生正在處理的東西：小小的突起組織，我先前完全漏掉了。我在教科書上學過解剖，還在解剖室教過醫學院的學生，自己也動過不少脖子的刀，但硬是沒看見眼前的東西。

看——真正的看，相當費神耗力。不是說你睜開眼睛，眼睛對準某樣東西，你就「看得到」。真正的看需要全神貫注。很多人不是天生就會觀察，「認真看」是一種必須特別培養的能力，是去留意真正存在的東西，而不只是你預期會看到的東西。你必須不預設立場，還需要大量的時間與無窮的耐心。

醫學院教我如何替患者檢查身體，我背下順序。首先你要觀察，接著觸碰。好了之後，才輪到聽診器派上用場。教科書稱之為「視診、觸診、叩診、聽診」。不論患者有什麼症狀，口訣不變。要是弄錯順序，漏了一個步驟，或是太快拿出聽診器，主任醫師會在所有人面前罵你。看病的基礎是用上你的眼睛：真正去看。

我學會展示自己在看。我以誇張的方式，遠離躺在病床上的病患，雙手交叉在後，按照標準程序描述剛才看見什麼。「患者是營養狀況良好的七十歲男性，靜臥在床，未明顯呈現痛苦的狀態。手指沒出現杵狀指、腫瘤或裂紋斑出血的症狀。未動用呼吸輔助肌（accessory muscles of respiration）……」我一一說完身體方面的觀察後，才開始觸診，把手放在病人的胸口、腹部或四肢。我被教導，即便碰觸病患時，也要永遠看著病患的臉，留意觸診是否造成病患疼痛或不適。

即便我被反覆告誡同樣的事，我依然不懂這麼做有何價值，感覺像在浪費時間。如果病患腹部疼痛，你當然得把手放在他們的肚子上，找出是不是一碰就痛，而不是花好多時間觀察他們的面部，看看嘴唇有沒有發紫。我合作過的醫生都是那麼做的，直接切入主題。他們會替患者的腹部觸診，直接把聽診器貼在病患的胸口。或者表面上如此。

事實上，經驗豐富的臨床醫師，第一步的確是先**完成**觀察的步驟，只不過是速度太快，我根本沒發現他們在觀察。他們注意到的事情幾乎永遠比我多。他們要我報告病患狀況時會問：「這位病患的指甲不對稱是怎麼一回事？」或「你認為他的呼吸為什麼這麼不均勻？」——我甚至沒印象發生過這些事，但前輩會把這些線索連在一起，說出他們的診斷。

我後來終於明白觀察的訓練絕對不能少。你要把病患當成一個完整的個體，不能只把注意力縮限在他們身體的某一區。這麼做可以制止我一下子跳到結論。我得學會**去看**。動副甲狀腺手術時，我和主任醫生的差別就在這裡。主任已經學會應有的觀察方式，但我還沒學會。我缺乏參照點，也沒「集中」我的視線。我從未看過活人患者身上的副甲狀腺，不知道眼睛要找什麼。

對有經驗的臨床醫生來說，留神觀察是第二天性，但壓力大的時候也可能辦不到。

每年我任教的大學醫學院學生舉行期末考時，我會擔任主考官，在學生成為合格醫生之前的最後階段，把守最後一關。我看著學生按照學到的步驟檢查病患——視診、觸診、叩診、聽診。學生們看了，碰了，聽了，理解自己蒐集到的資訊，得出結論。至少理論上如此。

有一年，我看著一名學生凝視病患，接著一邊看錶，一邊測量脈搏。我問他在做什麼，他回答：「我在量脈搏。」我問：「是多少？」他先是一臉尷尬，接著緊張兮兮地抬起患者的手腕，再數一遍。這位學生在壓力之下照章行事，但也僅止於此。他照著學到的步驟做，但過程中大腦沒派上用場，沒處理蒐集到的資訊。他看了，但沒做觀察；他做了觸診，卻什麼也沒感覺到；他量了脈搏，可是沒去想心跳快慢對患者的意義。

醫學界如今不再那麼強調觀察與觸診。我念醫學院已經是數十年前的事，影像技術早已掀起臨床醫療革命。超音波、電腦斷層掃描（CT）、核磁共振（MRI）、正子斷層掃描（PET）能以驚人的準確度，展示人體內部的情形。在許多方面，這是一大改善，即使是數年前，我們還無法想像能看到那麼多細節。然而，把觀察的工作交給接受過影像詮釋訓練的放射科專科醫師，雖然是很誘人的想法，但不親自與病患建立連結，錯過每個獨特個體的整體面貌，事實上很危險。我在其他許多專業領域也注意到這個問題。太仰賴科技會讓感官遲鈍，你對就在眼前的事物視而不見，也無法回應眼前的人。

練習慢下來、以有條不紊的方式做事，這至關重要。或許，正是因為我們隨時能運用視覺，我們很容易不把觀看當一回事，以為眼睛掃過去就是在看。「檢視」這個詞彙，讓聚精會神地觀看有了正式的名字，成為必須刻意執行的動作。

不管怎麼說，在你的職業生涯早期，職責分得過細的作法有風險。你會以為照章行事與抓住要點是一樣的，見樹不見林。一旦你能縫製還不錯的口袋蓋或剪出直瀏海，你會以為自己已經懂得如何製作西裝或設計髮型，變得過度自信，遲早會狠狠摔一跤。

慢慢來

德福斯兄弟（The Dreyfus brothers，弟弟史都華〔Stuart〕是數學家，哥哥修伯特〔Hubert〕是哲學家）的著名事蹟是提出成人技能習得模型，在一九八六年出版《心智戰勝機器》（*Mind Over Machine: The Power of Human Intuition and Expertise in the Era of the Computer*）。書中描述五個階段，分別是「新手」（novice）、「進階新手」（advanced beginner）、「勝任者」（competence）、「熟手」（proficiency）與「專家」（expertise）。兩

人提到在最後的專家階段：「當事情正常進行，專家不解決問題、不做決定，只做一般會有用的事。」

十年後，研究人員施密特（H. G. Schmidt）、諾曼（G. R. Norman）、波蘇貞（H. P. Boshuizen）指出：「有兩種不同的層級或階段——一個是快速、非分析性的面向，用於大多數的問題；另一種是比較慢的分析性作法，應用於不好解決的少數問題……沒有哪一個比較好，因為兩種都可能帶來解決辦法。」二〇一一年時，諾貝爾獎得主康納曼（Daniel Kahneman）在《快思慢想》（*Thinking, Fast and Slow*）一書中描述類似的概念，簡介「系統一」（System 1）思考與「系統二」（System 2）思考。他寫道：「系統一自動快速運轉，不必花太多力氣或不費力氣，不動用自主控制。」系統二則把注意力分配給要求花力氣的心智活動。

在我還是初級醫生的階段，當我向主任醫生報告病患的情形，我注意到有經驗的臨床醫生會在不同的推理模式之間轉換。他們的確偶爾會依序清點資訊，抓出我們漏掉的訊息。然而大多數時候，他們不這麼做。在每週兩次的巡房，我的主任穿著三件式西裝，一一在每位病患的床邊停留，身旁圍繞著他帶的在訓專科醫師、實習醫師、學生與護理師。我們每個人報告患者的病情，摘要說出病史、臨床發現與實驗室的檢測結果。

有時病況棘手，我們尚未得出診斷。我起初以為主任會在此時下令做更多的檢測，但通常他只是靜靜站著看著病患，問幾個問題，快速檢查一下病患，接著就說：「我在想，我們是否該考慮……」此時，主任通常會提出我們沒想到的可能診斷，而且通常一語中的。主任向我們示範不同的思考方式，用看的，而不是用做的。

我們天生都帶有偏見，判斷受到扭曲。醫學界有一句老話，X光片上最容易忽視的骨折，就是意想不到的第二處骨折——尤其是第一處骨折很顯眼的時候。如果有人出車禍，手臂或腿部明顯骨折，此時很容易忽略脊椎或手指有著較不明顯的斷裂。我們看見什麼，要看我們在找什麼，而我們一旦找到可能的解釋，就不再看了。康納曼談到「確認偏誤」（confirmation bias）的威力——我們傾向選擇性地讓證據支持我們想相信的東西。我們跳到結論，認為就是這樣了。然而，我們成為專家時，就必須對抗人性中的這個部分。

當然，每個人在學習好好觀看、真的看見眼前到底有什麼，並不是那麼容易。約書華在和口袋蓋搏鬥時，看不出為什麼明明還過得去，師傅羅恩卻說他做錯了。然而，師傅羅恩一看就知道那口袋蓋還不夠好，無法貼合西裝外套的主體。如同我那場副甲狀腺手術的主任醫師，以及我那位能看見河彎處有魚的釣魚朋友，羅恩注意到經驗不足的人看不見的東西。

我們太容易就對眼前的東西視而不見，就像我看不見魚一樣。你堅信自己真的有好好觀看，後來卻發現沒有。我們檢查電子郵件的內容不知多少次，結果寄出去之後才抓到錯字？我們傾向於看到我們認為存在的東西，而不是實際存在的東西。

畫畫這門學問可以強迫你留意自己看到什麼。畫一樣東西時，小細節很重要，光是瞥一眼還不夠。你得凝神，把看的東西刻在記憶裡。藝術家與刺繡家花兒·歐克（Fleur Oakes）是我在藝術工作者協會的會友。她形容畫畫時，「你會看得比一般觀看的時間更久。」觀察是關鍵。畫畫能連結你的眼睛、身體與大腦，加深你對於所見事物的印象。

不論藝術家專攻哪個領域，繪畫對他們來講一直是基本功。我目前在皇家藝術研究院擔任解剖學教授。這間學校從前的學生必須接受嚴格的訓練，一開始先畫古典雕像的石膏像，熟練後，才能進階到現場有人類模特兒的素描課。藝術研究院的老師甚至會請人體模特兒在樓上擺姿勢，學生的畫架則擺在地下室。學生每一次上樓，都必須決定要把模特兒的哪一面記在腦中，方便等一下在畫上增添另一筆細節。雖然藝術研究院如今沒那麼重視人體寫生，許多當代專家當初在受訓時，都經歷過這種嚴格的培訓。不過，不是只有藝術家才畫畫，繪畫在其他領域的工作也能派上用場。

在紙上做記號會迫使你瞄準基本事物，思考你想傳遞的訊息。我們在自覺或不自覺的情況下，都會利用某種形式的繪圖。如果你是在樂譜上做記號的鋼琴家、幫辯論打草稿的律師、構思情節的作家、在患者病歷上摘要手術的外科醫師，你在溝通時幾乎一定得在紙上（或是在螢幕上）留下記號。那些記號變成你去蕪存菁的方法。

合而為一

回到手術室裡的波比與她的傷寒穿孔，我正在絞盡腦汁，努力接收她的身體告訴我的事。我重新整理視覺、觸覺與嗅覺蒐集到的資訊，採取行動。雖然這超出我的能力，我得盡力而為。我小心翼翼走過自己學過的腸子切除步驟，每一個階段都如履薄冰。我知道必須移除穿孔的部分，留下健康的腸子，但哪一段**是**健康的腸子啊？在我眼中全是不健康的，可是能保留多少，還是得盡量保住。

我最終得做決定，剩下的則交給上帝。我移除不可能修復的腸段，以最輕柔的方式連接剩下的部分，最後縫合波比的腹部，祈求好運，請麻醉師喚醒她。接著，一整夜不斷確認她的病況穩定。

正如我所猜想的，那場手術只是第一階段。波比的術後情況很不好，隔天病得更重了。我讓她回到手術室，移除更多腸子。幾天後，劇本又再次重演。最後，過了幾星期，波比開始康復，不久便離開加護病房，不必再插管、接著監測器。我們把波比推到普通病房，她的狀況逐漸改善。

波比恢復力氣後，我才更瞭解她的背景，原來她在索韋托的小學教英文。我有時會在查房後，在波比身旁坐個幾分鐘，聊她的計畫與志向，談她的家庭與一起工作的同事。接下來幾星期，波比逐漸恢復精神，開始四處走動，先是有護理師攙扶，後來就能自己行走。有一天，波比踏了幾步路，沐浴在陽光裡。在那之後，我路過病房時，經常看到她坐在椅子上讀書。最後，經過幾番折騰，她終於可以回家。看著她出院，回到家人身旁與教室，我永生難忘。

5 空間與其他人

時空回到一九七六年的曼徹斯特皇家醫院。當時是半夜，我睡得正熟，呼叫器突然響了。相較於第三章裡我展開抽血人生的那個星期日早晨，此時的我比較有經驗了，但依然是個醫學院學生，這次輪到去婦產科實習。我被拖起來，去幫會陰切開術收尾。助產士或婦產科醫師在接生時，有時會用剪刀剪開女性陰道，目的是降壓，減低嬰兒頭部撕裂重要組織的可能性，例如母親的肛門括約肌。我在接生時學過如何剪開會陰，接著痛苦地發現剪很容易，要補就麻煩了。

在當年，醫學院學生經常在晚上被叫去縫合剪開的陰道，因為沒人想做這件事。進行到這個步驟時，把嬰兒迎接到世上的興奮感已經消失，產婦通常也精疲力竭。對產婦日後的生活來講，縫合這種傷口很關鍵，有可能對母親會不會失禁與性功能產生重大影響。我的煩惱是必須把事情做對，但不確定要如何做到。

從我看過與做過的幾次會陰切開術修復來看，我知道我人到的時候，產婦會處於截石臥位（lithotomy position），也就是兩腳踩在腳架上，雙腿大開，既不體面又不舒服。我則會穿上手術衣，戴上手套，坐在她們雙腿之間，用移動式手術燈照亮陰道。護理師會把無菌縫合包擺在我身旁的推車上，裡頭有手術器材、消毒棉、裝著殺菌液的小碟子。護理師打開包裝，裝好注射器、縫合針與局部麻醉藥，接著八成就離開去做別的事，留下睡眼惺忪又缺乏頭緒的我，一個人努力弄懂病患的哪裡是哪裡。眼前的景象，看起來一點也不像教科書上那些清楚明確的圖示。接下來，我還得回想後續的步驟。

今晚的產婦是剛生下女兒艾瑪的布蘭達，這是她的第一胎，生產過程很長。布蘭達累壞了，只想睡覺，但首先得縫合她的會陰。我害羞地自我介紹，試著拿出連自己都感受不到的信心。布蘭達問：「你是剛才幫我接生的醫生嗎？」我尷尬地結結巴巴解釋，我還不是醫生，只是被派來縫合助產士剪開的部位。

我在布蘭達的雙腿之間坐下，上頭蓋著綠色無菌布。這下子我看不到布蘭達的臉，無法與她視線接觸。我試著聊天，但我很難同時講話又記得步驟進行到哪裡，只得閉上嘴巴，專心做事。我按照先前看過的步驟，用消毒液清理會陰傷口，接著吸起一點局部麻醉藥，緩緩注入。布蘭達抖了一下，我這才想起剛才太專心於手術步驟，忘了提醒布蘭達我會給她打針。我脆弱的自信一下子瓦解，感到很丟臉，我能力不足。動這種手術時，我看不見說話對象的表情，缺乏對話的參照點。幸好這次護理師還站在原地，她握住布蘭達的手，告知我在做什麼——接著就放手讓我繼續做。我必須縫合會陰切開術的傷口，同一時間還得保住布蘭達的信任。怎麼樣才辦得到？

養成「各就各位」的習慣

部分的解答是找出一套執行工作的辦法。我最早接下處理會陰傷口的任務時，作法是把手術器材從無菌包裡抖出來，開始執行步驟，但是每當需要拿起持針器或另一塊消毒棉，翻找用品時，我的眼睛就無法看著產婦。等我回過頭，視野裡的出血點已經消失，又得從頭找起。

一天晚上，一名好心的助產士看出我手忙腳亂，靠過來解釋該如何依照邏輯順序擺放器材，這樣就幾乎不需要把視線從病患身上移開，也能摸到想要的東西。那位助產士先問我是右撇子或左撇子，接著示範如何輕鬆拿到必要的器材。效果真的大不同。從那時起，我便按照相同的順序擺放每一套器材，最後成為第二天性，我甚至沒意識到自己那麼做。現在回想起來，這簡直是明顯的道理，我無法理解為什麼我沒有一開始就那麼做。我當時根本沒想到，也完全沒有任何醫生提過這件事——直到有人向我指明，我才恍然大悟，而且沒人特別替這個步驟取名字。

多年後，我才從餐廳大廚身上，學到這種作法就叫「各就各位」（mise en place）。那是法文，意思是「組織好你工作的地方」。餐廳廚房是一個高壓的世界，每件事都發生在一瞬間，人員必須配合得行雲流水，而各就各位是最基本的原則。

不過，各就各位不僅適用於廚房，我們駕駛不熟悉的車子也一樣。必須先找出車頭燈、指示燈、喇叭的控制開關在哪裡，確定之後再上路。不過開不熟悉的車子，即便是小小的差異，依舊會讓人亂了方寸。陌生的各就各位需要花時間適應。租過車的人都知道，明明要打轉彎的方向燈，卻一不小心開啟了雨刷。

此時，你在專家養成道路上「學徒階段」的中段，開始熟悉工具與素材，學習在工作時讀懂自己的身體。然而，成為專家不僅涉及了工具與素材，還包括你如何與周遭的世界互動。在體制內往上爬的前提是學會制度的運轉方式，你必須融入。每個人起步時都一樣。

新手很容易把注意力放在單一的工作任務上，沒注意到工作地點的安排方式。當你配合既有的工作方式，有可能忽略環境的重要性。不論是哪種制度，你使用的工具與素材早已經過安排。

專家不會只處理一件事，他們的注意力不會只擺在眼前的工作。他們會提前做好準備，知道東西放在哪裡。他們會關注工作空間是如何安排，自己的工具放在哪裡，接下來要做什麼，如何拿到需要的物品。專家通常會與他人共用空間，必須留意且尊重其他人在做的事，東西用完要歸位，而且永遠不拿別人的工具來使用。專家井井有條的做事方法很容易被忽略，因為看起來毫不費力。

向我解釋各就各位的人是約瑟夫．尤瑟夫（Jozef Youssef）。約瑟夫是「廚房理論」（Kitchen Theory）的創辦人與行政主廚。那是北倫敦一間實驗性餐廳，約瑟夫稱之為「主廚餐桌的設計工作室」。他對於自己提倡的「多感官烹飪法」（multisensory gastronomy）充滿熱情。如果你到廚房理論用餐，你會體驗到一連串不尋常的菜餚，每道菜都以不同方式誘惑你的感官。約瑟夫的創作除了重視口味與香氣，也玩視覺、觸覺與聽覺的概念，邀請你觀看、聆聽、碰觸、嗅聞、品嚐。約瑟夫的主廚餐桌一個月只開張一次，每次僅服務十四名用餐者。其餘的時間，他與學校、業界夥伴、學術界合作，拓展人們對於食物世界的概念，但約瑟夫起步時受的是傳統餐飲訓練。

約瑟夫和本書出場過的所有專家一樣，曾經走過苦熬與磨練的階段，靠感官遊走於空間裡——以他的例子來說，那個空間是廚房與餐廳外場。約瑟夫在高級餐飲的階層制度往上爬，到全球的頂尖餐廳見習，最後在米其林餐廳嶄露頭角，但不論他在哪裡工作，各就各位都是關鍵。從刀子與砧板，一直到每道菜離開廚房、端上桌前畫龍點睛所需的食材，在專業的廚房裡，人人必須知道每樣東西的確切位置。每個人都曉得廚房裡的一切是如何運轉。你要是妨礙廚師的各就各位，像是用了其他廚師的刀，那簡直是十惡不赦的大罪。

學徒從第一天起，就被反覆告誡做事要有條理。各就各位始於依序寫下當天要做的事，明確記錄你需要的每樣東西，確保需要時隨時能拿到。你加入專業廚房的「編制」時，各就各位必須成為第二天性。

約瑟夫聊到他有一次替多徹斯特飯店餐廳（The Dorchester），準備數千個千層酥盒（vol-au-vent）。多徹斯特是倫敦的高級美食龍頭，廚房團隊會提早數週替重要場合做好準備。約瑟夫每完成一批酥皮，必須先擺進冰箱，在大日子的前夕再做進一步的準備，完成酥盒。酥皮不過是五道菜的菜單中，其中一道菜的單一元素。舉辦如此大型的美食盛宴需要軍事紀律，記住這些前期的食材準備存放於冷凍櫃的哪一處，也屬於約瑟夫的各就各位環節，千萬不能出錯。

在米其林餐廳工作的人儘管是少數，但我們所有人都需要各就各位。不論是確認工具擺在花園棚屋的哪個位置，或是知道家中的備用燈泡放在哪裡，各就各位可以減輕記憶的負擔，減少認知負荷。只要試過記下一長串電話號碼的人，都知道電話簿的價值。實體空間也是一樣。

專家都會找出一套適合自己的系統。德瑞克的標本工作坊和安德魯的雕刻工作坊，在我眼中不是特別井然有序。我無從判斷他們把東西擺在哪裡，但是他們兩人連看都不必看，就可以拿到自己需要的工具或材料。每樣物品都有專屬的位置，每樣東西都待在自己的位置上；只是我不清楚那些位置在哪裡罷了。德瑞克和安德魯看得出秩序，我只看到一堆雜物。

在他們的世界，我新來乍到，很容易把他們的擺放方式當成毫無系統可言。要是有人看到我寫作的桌子，八成也會感到雜亂無章。不論是看見德瑞克和安德魯的我，或看見我的桌子的人，我們都誤解了。這些系統是多年經驗的去蕪存菁，專家找到了適合自己的方式。

管理你的環境也是成為專家的環節之一。我見到在工作室工作的約書華時，他輕鬆就能拿起剪刀、線、裁縫粉筆與布料。約書華和我合作的其他專家，都有自己的一套各就各位，即便他們沒用「各就各位」這個字眼。幾乎所有的專業領域，都需要一套有系統的作法，但很少會有人向新手解釋這件事。就和我學著縫合會陰時一樣，人們以為不必跟初學者多解釋什麼，初學者就知道該怎麼做。要是幸運的話，會有人幫你一把，但往往沒這種好事。

人們通常是工作空間怎麼安排就照辦，忘記自己也可以主動改變慣例。我在倫敦帝國學院的同仁克莉絲蒂．弗勞爾（Kirsty Flower）告訴我，她在實驗室當了多年的博後分子生物學者後，才意識到自己是在右撇子系統裡工作的左撇子科學家。克莉絲蒂還是大學生時，就融入已經存在的體系。每次拿起移液器，她都得彆扭地把手伸過工作空間，拿起另一頭的樣本瓶。由於她向來是那樣工作，她沒有想到可以調轉器材的方向。克莉絲蒂專注於做事，沒去留意做事的系統。重新擺放器材後，工作突然順利多了。

這種事凸顯了學徒階段的特質。你知道其他每個人都懂得比你多，你想成為團體中的一員，不想看起來像個笨蛋，所以你模仿其他人。然而，你只是在模仿別人做事的習慣，尚不瞭解他們為什麼要那麼做，或者是怎麼辦到的。因此，你通常會錯過日後你將依賴的細節。你很少會有信心布置自己的工作空間，按照自己的意思調整環境——甚至不會配合身高調整椅子。如同我起初縫合會陰的情形，你會入境隨俗，不會想到要讓環境配合你的需求。

在家、在工作坊、在廚房或桌前，我們很容易在一團混亂之中工作，但只要亂中有序就行了。你知道自己的東西擺在哪裡，那樣的混亂適合你。如果你獨立工作，你的空間看起來是什麼樣子並不要緊，只要在需要時找得到東西就好。如果你和其他人一起工作，就有必要讓空間井然有序。在開放式辦公室工作過的人都有過類似的經驗：你伸手想拿釘書機，結果發現有人借走、沒放回原位，或是有人挪開你正在處理的一疊文件。這種情形足以解釋共用的工作空間何以造成很大的壓力。

我們通常只有在秩序被搗亂時，才發現每樣東西其實都有自己的位置。如果有人到你家借宿，晚餐後幫忙擦乾碗盤，你通常會幾個星期都找不到某些鍋碗瓢盆，因為客人放在他們認為合理、但你認為不合理的地方。東西被擺錯位置，有如圖書館內上錯架的書。找不到醬汁鍋已經夠討厭了；在車庫裡修東西需要用扳手時，卻有人用完沒歸位，更是麻煩。在手術室找不到器具，代價尤其高昂。手術室有正式的工具追蹤系統，一切都有規定，由刷手護理師這樣的專門人員負責。

刷手護理師是手術團隊的關鍵成員，負責手術中會用到的所有器材與用品。他們必須確保手術完成後，沒有任何東西被遺忘在病患體內。每一樣東西都得仔細清點。刷手護理師與外科醫生密切合作，能夠在醫生需要任何東西時，瞬間遞過去，用完後再放回原位。他們必須建立一套一致性的工作制度，在不同的開刀房內無縫接軌，不過也會配合各自偏好的工作方式，個人化自己的各就各位系統。

然而，刷手護理師承擔的職責，遠遠不只是遞出器材與放回原位。專家級的刷手護理師永遠高度集中注意力，仔細留意手術的流程，預測接下來會需要什麼。如同經驗豐富的索韋托護理長拉瑪佛沙，刷手護理師擁有多年的經驗，可以教團隊裡的其他人很多事情。刷手護理師是開刀房實務社群的關鍵成員，以無聲的語言交流，通常連他們本人都沒意識到。

有一次我研究影片，分析長期合作的手術團隊。我留意到外科醫生尚未開口，刷手護理師就把手術剪刀遞過去。慢動作播放時，你會看到醫生伸出手，護理師把剪刀柄放在醫生的手掌上，醫生闔起手指開始用剪刀後，才開口說：「護理長，麻煩剪刀。」事後再次播放影片時，那位外科醫生和護理師都不記得發生過這樣的事。他們一起工作太多年了，他們的動作已經是直覺反應。我跟過的傳統外科醫生甚至會說：「天啊，護理長，麻煩給我**我需要的**器材，不是我叫妳拿的東西。」唯有長久合作過，才可能有這種不必開口的默契。這是井井有條的各就各位帶來的無價之寶。

製作大鍵琴

你如果加入組織或是在團隊中工作，你可以利用多年來現成的各就各位——以外科手術來講，甚至是幾百年的傳承。然而，如果你試著自學，身旁無人從旁協助，你在打造各就各位時，大概會碰上缺乏必要環境的問題。

我小時候學過鋼琴，雖然彈得不怎麼樣，我一直熱愛巴洛克音樂，多年來一直渴望彈大鍵琴。我在當一般科醫師時決意冒個險，乾脆買台琴來彈，但大鍵琴十分昂貴，比較妥當的作法是先確定自己真的喜歡彈再買。我想到一個折衷辦法：購買套裝的大鍵琴零件，自行組裝。即便是這種琴，價格還是幾乎超出我的負擔範圍，而且具有風險，充滿了不確定性，我甚至不曉得自己有沒有能力組裝好一台琴。

我做了很多功課，決定購買約翰．史托爾（John Storrs）提供的套裝組合。史托爾在進入樂器設計這一行之前，受過工程師訓練，運用相關背景，讓大鍵琴的必要組裝零件能夠防呆：琴弦之間的距離、弦軸釘（tuning pin）的弦軸板孔洞等這些部分，失之毫釐、差之千里，出了錯琴就彈不了。組裝這些零件需要無止境的耐心，但不需要太多技術，你只需要架好頂桿，放進馬鬃；磨亮黑檀木與骨鍵，削好弦撥——史托爾把這些簡單的麻煩事，留給購買組裝包的顧客。

我購買的大鍵琴套裝組，源自十七世紀著名的法蘭德斯樂器家漢斯・魯克斯（Hans Ruckers）製作的版本，抵達我家時是一箱箱的盒子。我家很小，於是我徵用了小女兒的迷你臥室，暫時充當工作室。套裝組附上兩本薄薄的組裝手冊：一本是文字指示，另一本是圖示。

我組裝大鍵琴的主要問題在於，我不曉得成果應該長什麼樣子。寫組裝指示的人擁有我不知道的知識，我得自行詮釋他到底在寫什麼。零件很薄，我快弄壞時不會有人提醒我，也沒有人指導我哪些東西要放在哪裡。

大鍵琴很小台，長度遠比平台演奏鋼琴還短，重量也只有幾分之幾，琴鍵數也比較少，但琴蓋下依然有一堆零件。我製作的版本一個琴鍵有三條弦，每組弦都有自己的頂桿：頂桿是一塊薄木片，位於每個鍵的另一端。你按下琴鍵，頂桿上的弦撥會擦過弦。每一個弦撥都位於頂桿可以上下移動的迷你舌片上，上升時會碰到弦，但下降時不會碰到弦，緩緩無聲降落。止音器是一塊紅色的方形毛氈，插在每個頂桿單側的溝槽裡，你鬆開琴鍵後，那塊毛氈可以讓琴弦不再發出聲響。組裝這些零件時，必須仔細調整，才能剛好擦出弦聲並止住聲響。

頂桿一共有近兩百個，也就是說，每個相同的步驟幾乎要重複兩百遍，每一遍都是不同的學習曲線：裝好舌片，銼好即將裝上豬鬃的迷你溝槽，剪好止音器毛氈，插進弦撥。我在一遍又一遍的重複動作中，從一無所知、手忙腳亂，變成過分熟悉，感到無聊透頂——處於苦熬與磨練的循環。

大鍵琴的零件很迷你，我得自行理出一套各就各位的辦法，才能追蹤那些零件。我女兒的房間也非常小，我得在綁手綁腳的空間裡工作。相較於當年我仍是醫學院學生，在布蘭達生下女兒艾瑪後，替她縫合會陰時擺放醫療器材的那台推車，我的大鍵琴工具盤大不了多少。這一次，我也需要類似的工具擺放順序。

我碰上的一大問題是我獨立作業，人不在被學徒包圍的工作坊裡，手邊只有必須自行組裝的大鍵琴零件。我既沒有現成的各就各位，也沒有好幾代的大鍵琴師傅累積出來的集體知識，缺乏團體的共享智慧。此外，我無從加入實務社群，甚至沒有可以參考的大鍵琴，只能瞎子摸象，按照那兩本文字與插圖說明書的指示施工。最大的挑戰在於我不曉得接下來會發生什麼事。我一次執行計畫的一個階段，不曉得所有的元素最後會如何整合在一起。那兩本說明書算是地圖，但沒有嚮導指引我。

我逐漸掌握訣竅。等我第無數次剪好一塊紅色的毛氈止音器、磨好又一塊黑檀木鍵擋，再度用一捲黃銅線纏好一根弦，我逐漸在工作坊裡感到自在，培養出屬於我的「技師手感」。

凡是執行過計畫的人都經歷過類似的事。你必須想好你需要什麼，快速蒐集好材料。有時你面對的是實體挑戰，例如修理引擎、縫合會陰、組合大鍵琴。有時則偏向概念型的挑戰，像是寫下一篇短文或一本書。此時你需要做研究，取得資訊，找出你將引用的參考書目。不論是哪個領域，你得安排你的工作空間，但工作空間只不過是其中一個環節而已。

個人空間與他人

我在家中組裝大鍵琴時，可以隨心所欲地布置工作坊，設計自己的各就各位系統。我並未第一次就做對，但唯一會因為我的錯誤而遭殃的人，只有我一個人。然而，我在從事醫療工作時，我和病患身處相同的空間。我通常需要替他們看診，仔細觀察他們，碰觸他們的身體。然而，這樣的流程沒有表面上那麼直截了當。有幾次角色倒過來，我以病人的身分去看醫生，我發現有沒有經驗確實有差。

我開始在倫敦工作時，買了一輛摩托車。某個夏夜我騎車回家，沒放下安全帽的護目鏡，突然間有東西打在我臉上。我不知道那是什麼，只感到臉頰有東西流下來，一眼的視線開始模糊。那個液體可能有毒或具有腐蝕性，我嚇壞了，連忙前往附近的眼科。我進診所後，先是由初級的眼科醫生幫我看診，那位菜鳥醫生看起來和我一樣慌張。雖然他執行的臨床步驟完全正確，他的診療令我感到非常不舒服。他沒事先出聲提醒，就把臉湊過來，接著又用強光照射我的眼睛，翻開上眼瞼，用裂隙燈檢查。我縮了一下，身體動來動去，醫師和患者都感到不自在。

半小時過後，主任醫師來了。這次的看診體驗截然不同。主任醫生優雅地進入我的個人空間，不疾不徐。雖然她做的事和剛才那位住院醫生一模一樣，用裂隙燈檢查時，翻開我的眼瞼，用亮光照射，手法卻不一樣。我感到我信任醫生，心情輕鬆，樂意放下防備，讓對方進入我的空間。幸好檢查結果發現，濺到我臉上的液體只是水，眼睛有一點受傷，但幾星期過後就好了。然而，我永遠忘不了那位主任醫師的手法。對我來說，她示範了專家的做事方法。

本書介紹的許多專家，工作時和其他人處於很近的位置。進入他人的個人空間是一項特殊技巧，緩衝區的四周是看不見的「第二層皮膚」。這種概念上的空間，每個人都不一樣。我們的大腦會持續依據社會情境，重新畫定這個空間。有陌生人靠近你的時候，讓你覺得舒適的規則與預期很複雜。和先前不曾見過的人握手是可接受的行為，但牽手就不能接受了。

有的專家工作時，隨時在處理他人的身體，例如醫生、牙醫、配鏡師、物理治療師、整骨治療師、按摩治療師。身體是這類專家的主要素材，等同於陶藝家的黏土、木工的木材、雕刻家的石頭。其他專家雖然處於非臨床醫療的環境，也做類似的事，比如理髮師、美髮師、美容師、刺青師傅、穿環師。裁縫師、束腹製作者、帽子設計師，則以隔一層的方式接觸人體，製作可以穿脫的服飾。其他人則在完全不碰觸身體的情況下，在他人的個人空間裡工作，如餐廳服務生、近景魔術師與劇場表演者。以上所有領域的專家，全都培養出你幾乎不曾留意的自信。

工作時必須處理珍貴素材的專家，不論素材是人或物品，神態自若是他們的特徵。小提琴大師在開場前的狀態，經常令我訝異。即便他們手裡拿的樂器是無價之寶——一把史特拉第瓦里（Stradivarius）或瓜爾內里（Guarneri）——他們會以超有自信的神態拿起，輕輕置於臉頰與肩膀之間，雙手放開，轉動琴尾的弦鈕。要是換作其他人，都會害怕一個不小心就把樂器摔到地上，但是這些專家穩若泰山。和人們一起工作需要類似的自信——你要態度尊重，但又從容不迫。

神經科學家麥克．葛拉奇亞諾（Michael Graziano）研究個人空間已有數十年，他二〇一八年的著作《我們之間的空間》（*The Spaces Between Us*）開頭寫道：

> 我們的身體周圍全都有看不見的保護罩。不論你要怎麼叫這個罩子，看是個人空間、安全邊際（margin of safety）、口臭區、閃躲緩衝區……我們隨時會像力場一樣打開這個罩子。這個東西有好幾層，有幾層像連身衣一樣緊貼著我們的皮膚，有的則距離較遠，有如一頂檢疫隔離帳篷。大腦裡的複雜網路會監測這些保護罩，微調我們的動作，或者有時會冒出很大的動靜，讓保護罩避開危險。你走過凌亂的房間時，毫不費力就能穿梭於家具之間。走在路上，有鴿子朝你頭頂飛來，你會閃躲。相較於你與朋友之間的距離，你會站得離老闆遠一點，但緊貼著你的戀人。個人空間影響人類經驗的每個環節，這些事通常隱藏在意識的表層之下，偶爾會上升到意識層面。

葛拉奇亞諾指出，把個人空間當成「第二層皮膚」的概念，起先出現在一九六〇年代，被當成一種心理與社會現象來研究。人類學家與跨文化學者霍爾（Edward T. Hall）一九六六年的著作《隱藏的空間》（*The Hidden Dimension*），提出「空間關係學」（proxemics）的概念，詮釋「人們如何利用空間呈現出高度精煉的文化」。霍爾的研究基礎來自動物生物學的先驅赫迪傑（Heini Hediger）。赫迪傑開拓「動物園生物學」（zoo biology）的領域，專門研究被人類圈養的野生動物。

赫迪傑是蘇黎世動物園（Zurich Zoo）的園長。他證實自然環境中的動物，生活在相對小的領域泡泡（bubbles of territory）中，牠們移動時，泡泡也跟著動。赫迪傑描述動物之間有著不同的互動距離。舉例來說，碰上非我族類的其他生物時，逃走距離（flight distance）是動物在逃跑前能忍受的距離。臨界距離（critical distance）是一個很小的區間，位於逃走距離與攻擊距離（attack distance，動物被追時，轉身以攻為守）之間。個人距離（personal distance）與社會距離（social distance）則要看同物種之間的互動而定，互動情形會決定「動物本身」與「團體中其他動物」保持的正常距離。

霍爾的洞見是把相關觀察應用在人類身上。雖然人類的逃走距離與臨界距離大都已經消失，人類還留存著個人距離與社會距離。霍爾提出四種距離：親密距離（intimate）、個人距離（personal）、社會距離（social）、公共距離（public）。這些距離並不固定，隨著情境改變，畫出一個排他區，一個你不想要其他人存在的空間。霍爾解釋：「這是動物的天性，人類也一樣，動物會展現我們稱為『領域性』（territoriality）的行為。動物透過這種行為，區分出不同的空間或距離。哪一個特定的距離會被選中，則要看交流（transaction）而定；也就是互動個體之間的關係、感受和活動。」

自一九八〇年代以來，實驗神經科學界就對個人空間深感興趣，發現身體周圍的空間在大腦中有特定的表徵（representation）。葛拉奇亞諾的實驗先做猴子，近來則研究人類，證實高度複雜的特殊化「多感官」神經元組，讓我們有辦法追蹤物體的所在地，即便在黑暗中也可以做到。葛拉奇亞諾證明成套的行為實際上有著神經科學的基礎（一開始先記錄動物與牠們的領域，接著做人類的社會觀察），而我們今日才開始挖掘這個領域。葛拉奇亞諾書寫「模擬氣泡布」（simulated bubble wrap），指的是一種身體周圍看不見的第二層皮膚，既強調出附近的空間，也留意到遠處發生的事情。不過，不同於霍爾最初的概念，身體周圍並沒有一個巨大的空間包裹著；每一個身體部位似乎都擁有自己的泡泡。這套系統讓我們得以透過景象、聲音、觸摸，甚至是記憶來追蹤物體，靠的是大腦中幾個明確的區域，以及有著細緻性質的特殊神經元。最後的結果是我們為了鄰近的物體，同時運用數種感官，形成一種「視覺—聽覺—觸覺雷達」。

然而，我們個人空間運作的機制範圍不只包括人——個體周圍的緩衝區（peripersonal buffer zone）還延伸至我們的工具。我們就是那樣利用叉子或螺絲起子來「感覺」工具的動作，詮釋周遭的空間。葛拉奇亞諾以吸塵器為例，解釋人們如何用吸塵器的管子監測四周的空間，「不會撞上家具、門廊，也不會撞倒花瓶、傷到貓，或是害自己的腳瘀青。」葛拉奇亞諾指出，如果要掌握工具，你必須處理工具周遭的空間。我們的大腦似乎會將工具納入身體基模（body schema）之中，創造出可調整的安全邊際，延伸至異物的周邊空間。

此一理論能協助我們理解各就各位的重要性——我們需要有秩序、熟悉的環境，不必耗費太多腦力就能做事。在這樣的環境中，我們已經調整過個體周圍的緩衝區，可以把精力留給手邊的工作，不必分神試圖理解周遭的空間。

個人空間與表現

以敏銳與富有技巧的方式，在別人的個人空間裡移動，在醫學的領域尤其重要。臨床醫師替病患看診時，必須近距離觸摸，做身體檢查。有經驗的醫師完全不必思考，就能走過這樣的流程。他們不但習慣與人們的身體靠很近，也能自在處理人體的任何部位，因此專業醫師很容易讓人忘掉，這是多難習得的一項技能，但我碰上的眼科住院醫師，又讓我想了起來。我在當醫學院學生時，花了很長的時間學習如何在進出個人空間時，不顯露出焦慮、尷尬，或是把情緒感染給病患。我必須聆聽病患的胸腔，觸摸他們的腹部，轉動他們的關節，仔細檢視他們的眼睛與耳朵。我起初感到極度不適應，但這樣的臨床碰觸，最終自然而然成為每天看診的一部分。

穿梭於個人空間的重點是瞭解如何應對。被醫生臨床診斷過的患者，曉得接下來會發生什麼事。你發現看病有一定的程序，道理如同觀賞古典音樂會。你到達會場後，先去找位置，安靜坐下，等待表演者登台演奏。你不會在古典音樂會的現場打開一瓶威士忌，把一袋炸雞傳來傳去，對後排的人開玩笑，把氣氛搞得鬧哄哄的。如果是看足球賽或是參加格拉斯頓柏里音樂節（Glastonbury），規矩就完全不同。

我們從小便接觸不會明講出來的行為模式。你知道看醫生時，醫生會為你做檢查，所以這種事進行時，你不會感到訝異。然而，以臨床醫師的身分進入病患的個人空間，道理如同進入病患的家。不論是在哪一種必須與人互動的工作領域，你不能硬闖，你得受邀，表現出尊重的態度。如果大家都在門口脫鞋，你也要脫。

帶著敬意、優雅地進出個人空間需要練習。一開始，你可能把自己必須做的事，看得比病患、同事或顧客的需求還重要，譬如：你需要取得資訊、你要讓老師留下好印象。你可能壓根也沒想到病患、同事或顧客的體驗，而是把重點擺在自己身上。然而，你逐漸把重點從自己身上轉移到他們身上，改把注意力放在雙方之間的空間。

在個人空間裡工作，需要敏銳度，要有「解讀」他人的能力。熟練的專業人士有辦法在不會引發不適的前提下，進入並「占據」某人的個人空間，對方甚至不太會有感覺。你自在地待在別人的個人空間時，可以協助對方放鬆。專家看上去是輕而易舉地做到這件事，但每個人都知道自己的空間被他人笨拙地或故意闖入時，那是什麼感覺。有可能是你還沒想好要吃什麼，服務生就在一旁探頭探腦，急著要你點餐；或是你在打字時，同事站在你後方，盯著你的電腦螢幕。

美髮師法布里斯是在當學徒幫客人洗頭時學到這一課。人類最容易意識到站在個人空間前方的東西，因為那是人類眼睛觀看的方向。髮廊則以另一套方式運作。法布里斯幫客人弄頭髮時，會從旁邊或後方接近客人。當然，客人還是可以從鏡子看到法布里斯，但重點是他不會直接站在客人面前。從側邊接近時，個人空間的警告系統沒那麼靈敏，更容易建立關係。優秀的服務生也懂這個道理。他們不會直接走到客人面前，而是從旁邊靠近，閱讀迷你的潛意識訊號，得知隱形的界線在哪裡，進而評估、調整自己與客人的距離。服務生閱讀每位客人與每批客人的動態，在他們的個人空間進進出出。

許多專家會利用不帶威脅性的初步動作來與人接觸並架設場景。以美髮師為例，他們會用手指滑過客人的頭髮。裁縫師約書華會先繞著客人轉一圈，接著解釋他需要靠近一點，才能判斷褲子或外套的合身程度。我合作過的手外科醫師珊．蓋利文（Sam Gallivan），她會在病患初次門診時握手寒暄。在例行的握手過程中，她會趁展開對話時握得稍久一些。幾秒鐘後，她在不知不覺中，已經評估好病患的手指與手腕所有重要關節的靈活度，還建立起身體接觸，替接下來的診療定調。

社交技能與技術能力不一定會攜手並進，兩者的界線並不明確。法布里斯提到，有的同仁剪髮技巧高超，擁有一流的髮型設計功力，但就是留不住客人。也有美髮師極度擅長社交互動，但技術與美學底子頂多稱得上普通。裁縫師約書華同樣也提到，有的剪裁師社交功力沒話說，但做出來的西裝平凡無奇。我們也都碰過一種理專，聽上去頭頭是道，但一問三不知，或是有的電腦高手不論什麼問題都能解決，卻無法看著你的眼睛。要成為專家的話，社交技能與技術能力缺一不可。

與病患接觸

個人空間內，有許多事是透過觸摸來傳達的。究竟是可靠、安心、關懷，還是粗魯、冷淡、笨拙，我們瞬間就知道。然而，掌握觸碰的語言不是天生就具備的能力，必須投入心力、用心練習、不斷精進，不論在什麼領域都是一大挑戰。剛才提過觸碰發生在距離身體很近的地方，而且是雙向的。這是你必須學習的語言，但沒有字典可查。

我念醫學院的時候，從來沒有老師告訴我：「羅傑，你必須學習進入病患的個人空間，在那個領域完成工作，並且精通觸診的語言。」也從來沒有人這樣告訴過法布里斯或約書華。約瑟夫加入主廚團隊時，同樣沒人向他解釋這一類的注意事項。我們全是在不知不覺中吸收這樣的技巧，在做其他工作時順道學會。那些抽血、切洋蔥、掃地板、量胯下到褲腳長度的歲月，協助我們培養出信心，自信地穿梭於其他人隱形的第二層皮膚，悠遊於他人的個人空間，令人感到如沐春風。我們都花了很長一段時間，才獲得這樣的能力，但擁有一套各就各位的系統讓我們如虎添翼。

再回到剛生完孩子的布蘭達。時間是午夜，我即將縫合完她的會陰。我緊張兮兮，但盡量不表現出來。我知道縫合會陰對布蘭達個人來講有多重要，我希望盡全力做好。此外，我在前面段落檢視的兩件事情上，也變得更有信心——替我的各就各位負責，以及在他人的個人空間裡工作。這次我獲得經驗豐富的醫療同仁協助，他們在我所處的體系裡是不可或缺的成員。助產士教我如何擺放推車上的手術器材，護理師在我專心縫合會陰時陪布蘭達說話。

我完成最後一針，打好結，剪斷線，收拾消毒棉與器材，將針頭放進收納盒，拿掉綠色手術布，脫去手套。助產士在先前的生產過程中，以專業手法剪開會陰，我也依據所學，以專業手法把會陰層縫合回去。布蘭達的傷口將完美癒合。我盡力用布蘭達會感到舒服的方式，協助她下腳架，向她保證縫合結束，一切都沒問題，可以放心了。「謝謝你，醫生。」布蘭達致謝：「剛才縫的時候我幾乎沒有感覺，不過我太累了，現在要睡一下。」

我讓布蘭達好好休息，在個人空間裡和新生兒獨處，自己也躺回床上小睡片刻，等著呼叫器再度響起。這一次，每件事都很順利，但事情不會永遠按照計畫進行。下一章要帶大家看看事情出錯時的心驚時刻。

6 犯錯與修正

一天晚上，在索韋托的巴拉瓦納斯醫院，我替年輕的喬納斯開刀。喬納斯脖子被刺，我才剛任職於巴拉瓦納斯，要動這樣的手術讓我慌了手腳。頸部傷口是出了名地棘手。動脈壁痙攣再加上暫時的血塊，通常一開始能止住血，傷口乍看之下不嚴重。然而，一旦移除血塊，血就會噴濺到你臉上，傷口不嚴重的假象消失不見，瞬間血流如注。如果受傷的是頸動脈等主血管，血壓會迫使血液衝進附近的組織，帶來模糊的視野。解剖構造之間的界線消失不見，讓你迷失方向。如果說動脈已經很令人頭疼，靜脈更是麻煩。靜脈如果有破洞（靜脈壁薄如紙，很容易弄傷），不妙的颼颼聲會給你一秒鐘的警告，接著便湧出大量血液，每樣東西糊成一片。那是最令人心驚的狀況。

我小心翼翼檢視喬納斯爛泥般的潮濕組織，試圖找出主要構造。我邊剝邊剪，差點弄斷某塊狀態看起來很糟的結締組織。不曉得為什麼，我突然感到不對勁，停下來再看一遍，心中一驚，發現自己剛才差點弄斷內頸靜脈（internal jugular vein）。這條關鍵的血管能讓腦部血液回到心臟，要是剪斷就慘了。那真的是令人心跳停止的千鈞一髮。我當場愣住，不知所措。為了爭取時間，我用力壓著消毒棉，等心跳和緩一些，心裡想著剛才差點釀成大禍。

我努力回想頸部的解剖學知識。理論上我已經瞭若指掌，但我才剛進入外科訓練的早期階段，獨立動刀的時間不長。即便是事先計畫好要動的手術，開刀時也看得見教科書上與解剖室裡那種整齊的解剖構造，頸部動刀在最理想的狀況下，已經夠令人戰戰兢兢。如果是頸部被刺傷的傷者，更是什麼都不確定，無法確定哪裡是哪裡。

獨當一面

頭頸部分的解剖學複雜到不可思議；不只是我一個人感到難如登天。我在念醫學院的頭一年，有一次去看家庭醫師，提起自己剛進醫學院。醫生聽到後，把書架上一本嶄新的《格雷氏解剖學》（*Gray's Anatomy*）交給我，說：「拿著。你會用到的——我用不到。我永遠記不住脖子裡那些該死的小構造，到現在做惡夢時還會夢到它們。祝你好運。」很快地，我就明白我的醫生的心情。

幾年後，我成為醫學院學生的解剖學老師，更加熟悉頸部那些惱人的迷你構造。我們整整花了一學期的時間上頭頸部位，我最後終於掌握「帶狀肌群」(strap muscles)。那些肌肉似乎專門取一些讓人混淆的名字，有胸骨舌骨肌 (sternohyoid)、胸骨甲狀肌 (sternothyroid)、肩胛舌骨肌 (omohyoid)、甲狀舌骨肌 (thyrohyoid)。我學到這些構造是如何彼此配合：大動脈與大靜脈讓血液進出大腦；神經散布在四面八方；氣管讓空氣通過喉頭，進入肺部；變幻莫測的食道以難以痊癒著稱。日復一日，我帶領學生小組一一研究解剖構造。到了學年的尾聲，我清楚弄懂了這些解剖部位，也通過外科醫師的大考，洋洋得意，感到醫學院的迷霧散去。我已經背下所有煩人的迷你構造名稱，也曉得確切的位置。我終於全部弄通了。我講真的，沒有想像中難。

然而，面對手術台上的喬納斯時，我發現「學習資訊」不等於「擁有知識」。解剖學應用在活人跟大體上完全是兩回事。這會我碰上超出自身能力的挑戰，但沒有求救的對象，得自己想辦法解決。我已經獨立作業了，這是貨真價實的生死交關。

本章將探索的階段是當你處於「學徒」與「熟手」的分界線。此時，你已經花了幾年時間，走完第一章介紹的早期道路。目前為止，你在保護傘之下，學習如何以他人的方式做事。和你一起工作的人知道你會犯錯，畢竟你經驗不足，缺乏技能。身為學徒的你，先是痛苦地意識到自己有多無知（第三章提到的「自知不足」），但漸漸地，技術層面不再那麼難。你再也不必拿出百分之百的注意力，極度專注地完成手上的事。你培養出些許自信，開始把事情視為理所當然。你獲准在更多時候獨立作業，眼看就要獨當一面，進入熟手階段。

此時的你可能過於自滿，以為自己知道很多。你先前在有人保護的環境裡體驗工作，已經成為一塊小範圍內的專家。然而一旦環境改變，一切得靠自己之後，你將碰上完全沒聽說過的挑戰。如今你會面臨不同類型的錯誤：這次你做錯時，所有的相關人士會一起被拖下水。如果你處理的素材是人，後果更是不堪設想。

犯錯是免不了的——犯錯是專家之路的一部分。我替喬納斯的脖子開刀時，已經開始獨當一面，由我來指揮手術，但是在創傷外科這個領域，我才初出茅廬。儘管我開始培養出自信，我還不曉得自己有多無知。我合作過的所有專家都提過類似的故事，他們都有過千鈞一髮的經歷，在差點釀成大禍前及時停下。

這種類型的錯誤發生在過渡期，你原本在別人的工作坊當一根小螺絲釘，如今得替整體的工作扛起責任。我替喬納斯開刀時，正是處於這種階段。這種時刻需要的能力與經驗已經超出你的極限，但還是得硬著頭皮做下去，此時出錯是必然的。你通常會及時發現問題並修正。要改善，就得拓展能力範圍，而此時唯一的辦法就是讓困難的工作逼著你成長。然而，有時會發生不好的事——工作沒做好，有人受傷，你的信心遭受打擊。

處理錯誤的意思是，和那些在各方面對你的表現失望的人互動。髮型設計師法布里斯聊過這樣的互動，但他從心理技巧的層面出發，相對於應用剪刀與梳子的技術層面。本章會談到辨識與回應事情出錯的時刻。不論你讀過多少書，不論人們給過你多少建議，你得自己走一遭才會真正明白。你必須學著處理大事不妙時的心驚膽顫。這是你獨當一面時必將遭遇的挑戰。

「單飛」(flying solo) 是常見的「獨當一面」的英文講法，不過有時是真的一個人飛。我在索韋托當外科醫師時，學過開飛機。開飛機很瘋狂，但我熱愛飛行。

我每天開車往返醫院，都會途經一座迷你飛機場，斑駁的招牌寫著「巴拉瓦納斯飛行學校」(Baragwanath Flying School)。有一天，我走進那間飛行學校，所謂的飛行總部只是一層樓高的棚屋。一共就一條跑道，沒有塔台，停機坪上只有兩台小型的單引擎飛機。我得知這所學校讓人試乘，你可以和教練一起待在空中一小時，看看喜不喜歡再報名，於是我和比爾一起飛上藍天。比爾是阿非利卡人（Afrikaner），講話粗裡粗氣，髮色斑白。他擁有數十年的飛行經驗，見多識廣。我們開著一台雙座飛機起飛，我坐在有雙控制系統的副駕駛座上。抵達一定高度後，比爾指著下方的醫院，以及遠方約翰尼斯堡的天際線。那個景象太神奇了。接下來，比爾讓我自己開開看。

當然，我不是真的在「開」飛機——絕不是要負任何責任的那種「開」，但我在操縱搖桿與方向舵，讓飛機傾斜與轉彎；我運用感官，學習關於空間及其他人的事。我一窺駕駛艙內的各就各位，以及天空上必須避開的其他飛機。回到陸地後，我二話不說，立刻報名了課程。

我的練習機是一台塞斯納一五二（Cessna 152），那是最小型的飛機，感覺像是二手車加裝了機翼，無線電台的呼號是「千-山脈-利馬」（Kilo Sierra Lima），縮寫是KSL。接下來幾個月，我對KSL如數家珍。起初我只能練習觸地重飛。我跟著比爾花無數個小時起飛與降落，一遍又一遍，著陸之後不停下，開啟節流閥再次起飛，再次練習「五段進場」（circuit）。練習多次之後，我已經熟稔於心——跑道上方有一個想像中的長方形，每一段都有專有名詞：側風邊（crosswind leg）、下風邊（downwind leg）、基線邊（base leg）與最終進場邊（final approach）。我一遍又一遍練習清單上的流程，起飛，爬升，依據氣候狀況調整，著陸，接著全部重來一遍。側風著陸，升起機翼，放下機翼。

有一天，我準備再度起飛與降落，比爾突然要我停下。我還以為一定是哪裡做錯了，做好被罵的心理準備，但比爾跳下駕駛艙，關上他那邊的機門。「我會待在校舍。」他吩咐：「你回來時跟我說一聲。」我還弄不清楚狀況，就再次起飛，看著下方的飛行學校，這次只有我一個人在飛機上。

你獨自在天上時，每件事都不一樣了。所有的課程，那些理論、流程，全都模糊起來，只剩你一個人。你準備著陸時，沒有比爾在旁邊協助你做一些小調整，但不知怎麼的，事情有條不紊地進行，我安全著陸，讓KSL完全停下。每一位專家都經歷過這一刻。在專家之路的某個時間點，每個人都得開始完全靠自己。

那次之後，我的自信開始成長。我趁上班前，一大早獨自到飛機場，投入必要的時數，一次又一次練習旋轉與失速復原。最後，飛行測驗的大日子來臨，考官完整考核我，我證明自己能在側風中，在短跑道上起飛，沿著飛行路徑前進。萬一引擎故障，我有辦法迫降。我拿到了私人飛行執照，滿懷自豪，等不及遨遊天際。

沒過多久，我就出了一個大糗，差點害死自己並牽連數百條人命。

犯錯後再站起來

人非聖賢，孰能無過。沒人故意要犯錯，不過人生就是那樣，我們從錯誤中學習。目前為止，本書已經帶大家瞭解，一開始，我們先在能提供保護、犯錯也無大礙的情境中練習技藝。法布里斯從洗頭小弟當起，約書華起初只負責製作口袋蓋。我沒有一上場就動頸部被砍傷的手術，而是先負責抽血等簡單的臨床流程。我在醫學生與初級醫生的階段，永遠有人可以求救——即便那個年代的普遍文化是，除非別無選擇，不然我不會開口。然而，每個人都知道我還在學習，也會包容我。萬一真的束手無策，我可以請人幫忙，唯一會受傷的只有我的自尊。

到了某個階段，你得直接替你的工作負責，為自己所做的事彌補後果。如果你的工作重點是其他人，那更是如此。你必須在不會容忍你犯錯的環境做出決定。自己選擇了那條路，就得自己走完。

你碰上的事，有時會超出你的能力，讓你失去平日的參考點。如同我替喬納斯被刺傷的頸部動手術，有時你能在差點出大事之前停下來，有時卻未能逃過一劫。

重點在於從錯誤中學習。道理講起來很簡單，但若你是因為經驗不足或粗心大意而傷害到別人，實踐起來就很困難。我犯過的錯誤，不全是與醫療有關。我鬧的一次比較大的烏龍，要回到巴拉瓦納斯飛行學校。那是我第一次犯大錯，差點就是這輩子最後一次有機會犯錯。

我拿到飛行執照沒多久，就駕駛著 KSL，打算前往不遠處的蘭德機場（Rand Airport）。蘭德機場是約翰尼斯堡的大型機場，但我從來沒去過。我的飛行學校太小，連塔台都沒有，我希望到大一點的地方練習。比爾教練告訴我：「你不可能錯過蘭德機場。起飛後，你馬上就會看到銀色水塔，在那裡左轉，然後跑道就在你眼前。」

我起飛後，看見銀色水塔，左轉。起初我沒看到機場，繼續往前飛，最後終於看到一條大跑道。雖然位置有點偏離我以為的地方，我用無線電和蘭德機場的塔台聯絡，獲得允許後降落。我在飛機跑道上滑行，感到這條跑道可真長，但一直要到我滑過一整排巨型飛機，以及寫著「歡迎蒞臨約翰尼斯堡國際機場」的牌子，我這才發現我不請自來，降落在非洲大陸最繁忙的機場，而不是我原本預計抵達的蘭德機場。我的無線電立刻窸窣作響：「K－S－L，K－S－L，聽得到嗎？」

我把我的迷你塞斯納停在塔台前，接下來半小時，我接受史上最不舒服的航空交通管制團隊的拷問。我太幸運了，那天下午飛機不多，沒有預計要起降的客機。我要是正好闖進大型客機的航線，有可能引發空難，害死自己與飛機上的乘客。

我沒被塔台人員碎屍萬段的原因是他們自己也疏忽了，沒有像平時那般警覺，一直等我降落，才發現我的飛機，每個人都滿臉通紅。雖然錯主要在我身上，理應及早揪出錯誤的安全網也失靈了，因此我被罵到滿頭包之後，就獲准回到KSL上，返回巴拉瓦納斯機場。

我一回到巴拉瓦納斯機場，立刻告訴比爾我剛才做了什麼好事。比爾不是個好脾氣的人，我等著他破口大罵，但出乎意料，比爾捧腹大笑，帶我到休息室，不知從哪裡變出一瓶酒，幫我們兩人各倒了一杯，講起自己有一次害一台雙引擎飛機報銷，原因是他忘了放下起落架。比爾接著講起更多的故事，我因為出包，反而受到實務社群的接納，加入通常不會自揭瘡疤的飛機駕駛群體；大家都知道人不免出錯，但除非你也犯過錯，不然他們不會透露自己也做過蠢事——外科醫師如出一轍。

比爾的反應不代表他認為我犯的錯沒什麼。那次事件可能造成可怕的後果，我純粹是走運才沒釀成大禍。然而，比爾知道我需要從那樣的經驗中，學習成為更優秀的駕駛，而不是一朝被蛇咬，十年怕草繩。

分析錯誤

雖然按照專業分類的術語，我那次駕駛 KSL 時犯的錯，只屬於差點失誤的「跡近錯失」(near miss)，事實上，我完全超出新手的「正常」誤差範圍。約翰尼斯堡國際機場不曾發生過那種事——飛機出現在大型機場的視線範圍之前，老早就要用無線電聯絡。由於我的錯誤太不尋常，我和其他人完全沒料到。我與塔台團隊因此措手不及。我專心執行降落流程，沒問自己是否降落在正確的地點。那就是所謂在錯誤病患身上執行完美手術的航空版。

我動手術時差點出的錯，則是類型不同，通常是碰上不熟悉的領域，手足無措。我替喬納斯動手術時，幾乎認不出平日的地標。我之前也動過頸部的刀，但眼前的脖子看起來很不一樣。

在巴拉瓦納斯醫院的另一晚，我碰上一名胸口與腹部有穿刺傷的手術病患，這次甚至連名字都不知道。他抵院時已經快要失血過多而亡，我們不得不直接把他送進開刀房。我縫合腹部傷口後，情況突然惡化，我知道我得處理胸口的傷。刺進他身體裡的刀，一定是把長刀，因為心臟附近的大血管在出血。我沒觀摩過太多的胸腔外科手術，更別說是親自動手術。我再次遠離了舒適圈，但別無他法，只能硬著頭皮上場。

胸腔外科是專門領域，需要特殊器材。打開胸腔後，我發現某條連至肺部的大血管正在大滲血。我看得見血從哪裡冒出來，要快點止血，否則患者性命不保。

在這種緊急情況下，你的視線不能離開傷處，此時刷手護理師扮演了重要的角色，把你需要的開刀器材交到你手上。不巧的是，這次配合的護理師也沒有太多胸腔外科手術的經驗。我為了控制出血，請她給我一把直角鉗。我伸出手，感覺器材的把柄碰到手掌，正準備把鉗子放在脆弱的血管上，卻發現護理師遞給我的不是預期中柔軟的血管鉗，而是支氣管鉗，鉗口有著致命的尖端，用途是夾緊呼吸道的硬質軟骨。這種鉗子會讓纖細的肺部血管支離破碎。一直到今天，我還能感受到當時的心跳。我和病患共同經歷了九死一生。

我在開刀房與空中差點出的錯，有著相同與相異之處。事後回想起來，我闖入約翰尼斯堡國際機場時，犯了幾種典型的錯誤。降落在錯誤機場，純粹是因為沒經驗而犯錯。當天風和日麗，沒有明顯的飛航考驗。我應該多注意一點才對，但是我沒經驗，無法辨識出關鍵訊號，加以應對。我的飛行知識就是不夠豐富。我從巴拉瓦納斯機場起飛時，駕駛操作占據著我的注意力。我用無線電對話，正在尋找銀色水塔。我不太清楚自己要抵達哪裡，我從來沒去過那個地方。我接受經驗比我豐富的人的建議，他們還以為我知道的事和他們一樣多。對他們來講，只要說出「在銀色水塔左轉」，就完全知道該怎麼做，但我還需要知道左轉**之後**該做什麼。我沒想到附近有一個以上的機場。儘管我為了取得私人飛行駕照而苦讀時，已經熟讀航空圖，但我沒把事情連在一起。

另一個問題則是我太過渴切。我終於看到跑道時，鬆了一大口氣，即便和想像中的不太一樣，我立刻以為這就是我該降落的地方。我沒質疑自己的假設，過度把注意力放在讓飛機著地。這與康納曼的系統一與系統二思考有關。我以系統一的方式做事——快速、自動，但實際上我應該使用系統二，以井井有條的方式逐一分析各種元素。

我們太容易做出假設。外科訓練需要花大量的時間學習解剖學，又主要是透過教科書學習。解剖學是一門高度詳細的知識，令人感到心安，彷彿一切都是確定的。然而，那樣的胸有成竹是假象。你會從「胃切除術」（gastrectomy）等術語的角度思考——憑著你在書上讀過的敘述，以及你接觸過的其他患者。然而，除非親眼目睹，要不然你無從得知**這次**患者的胃會長什麼樣子。

我在第四章談過觀察的必要性，真正去看眼前的東西，而不是看見你預期會找到的東西。我在空中的飛行經驗告訴我，當你感到脆弱——覺得不確定、能力不足、疲憊，以及碰上所有書裡都沒提過的事，此時你需要特別留意警訊，不要硬衝。我很幸運，在差點剪斷喬納斯的內頸靜脈前停了下來。然而，有時你是被迫走出舒適區，情況超出掌控。你走進自己不會選擇的領域，無法躲開。幸運的話，你可以請人幫忙，但通常你得硬著頭皮自己來。

「錯誤」聽起來是壞事，但是犯錯很重要，也避免不了。我們面臨的挑戰不在於完全不出錯，而是想辦法減少錯誤帶來的傷害。「壞的錯誤」(bad error，理應避免的有害錯誤) 不同於「可敬的錯誤」(honourable error，努力嘗試後，發現行不通)。可敬的錯誤沒什麼好丟臉的，反而是進步的機會。犯錯可以讓人從中學習，可以體驗、修正、改造，而不是避而不談。沒人打定主意要犯錯，但從錯誤中學習是成為專家的必經之路。進步就是這樣來的。犯錯不等同於失敗。

擅自假設的風險

約莫在我降落在錯誤的機場的年代，髮型師法布里斯在他即將結訓的髮廊，準備接待當天最後一位客人。他急著快點弄完，好讓髮廊準時打烊。此時，他已經學到大量的技術，能熟練地運用剪刀與梳子，也處理過各式各樣的頭髮。多年的學徒經驗讓他不必思考就能完成工作，有辦法開啟自動駕駛模式，一邊弄頭髮，一邊和客人聊天。

這次的客人是一名短髮的中年女性。頭髮剪到一半，法布里斯突然發現頭頂的部分削得太短。髮型設計師有一句俏皮話：「頭髮太短，為時已晚。」那一天，法布里斯心中一沉，感受到我在手術房裡多次出現的感覺。

在外人眼中，髮型設計的工作似乎就是修修剪剪，重點在技術層面，但最重要的環節其實是設計。每個人的頭髮生長方式不一，那些生長模式是關鍵，尤其是頭頂的部分。如果那部分沒處理好，新髮型起初還看得過去，但頭髮一長，很快就會一團亂。短髮的挑戰尤其大，失之毫釐，差之千里。

法布里斯無意間失誤，這下子得收拾爛攤子。這位客人先前已經來過幾次，兩人有點交情，因此法布里斯實話實說。「我把這裡剪得比我們講好的長度短。」他告訴客人：「可能我誤判了您的頭髮生長模式。再過兩星期應該就沒問題了，今天看起來會比您要的短。您可以接受嗎？」客人不太高興，但還是接受法布里斯的解釋，甚至下次預約時，堅持再次指定法布里斯。

法布里斯犯錯的原因是過度自信。他仗著自己慢慢精通的技術，沒再三確認是否做對。法布里斯日後發現，所有的髮型設計師都犯過這種錯誤，就連經驗豐富的大師也一樣。法布里斯加入出糗的髮型設計師行列。就連最知名的設計師，一樣逃不了尷尬時刻。時尚設計師瑪莉官（Mary Quant）談到在一九六〇年代，傳奇髮型設計師維達・沙宣（Vidal Sassoon）曾經幫她剪頭髮。「一天晚上，」瑪莉官回憶道：「〔他〕替我剪頭髮，宣傳他的新五點式幾何鮑伯頭（five-point geometric bob）。現場有多家媒體派來的攝影師，人山人海，他一時太興奮，一刀狠狠剪了下去！結果傷到我的耳朵，而且是血流得最多的耳垂。」

裁縫約書華在職涯的這個階段也犯過錯。當時他才剛二度當完學徒，成為合格的裁縫師，為了累積經驗，他刻意挑選具有挑戰性的客戶。有一位客人由於肢體障礙的緣故，體型不同於一般人。他和約書華一起選好西裝設計，便展開一連串的試穿。到了第三次試穿，約書華發現衣服不但沒愈改愈好，反而每況愈下。

約書華擅長替一般的體型製作西服，但缺乏離群值的經驗。他明白再怎麼繼續修改目前做好的衣服，也做不出他心目中的成功西裝。他的基本設計已經錯了，藍圖比較接近一般的身體比例。約書華勇氣可嘉，決定拋棄目前的進度，從頭再來一遍。失敗的開頭讓約書華學到東西，想出不同的設計。最後的成品很成功，客戶眼睛為之一亮。然而，結局皆大歡喜的前提是約書華必須意識到，自己身處於必須重新來過的情境，試圖修補還不夠。約書華必須拋棄眼前已經投入的成本，包括布料、製作的心血，以及客人的時間。那麼做需要勇氣，但約書華的第一要務是做出最好的服飾，唯一的辦法就是從頭來過。約書華放下原本仰賴的框架——他學過的方法、他習慣的假設，然後打造出一件截然不同的作品。這很不容易，但這是進步的基本元素。有能力改變框架是成為專家的里程碑。

我當了幾年的一般科醫師後，碰過類似的事。四十多歲的患者貝絲妮因為身體疲憊來找我。她平日要照顧家庭，工作也很忙碌，但除了有一點消化不良，她的病史看不出有什麼特別的狀況。我安排了驗血，證實貝絲妮有貧血問題，下一步是找出原因。我感到不安，背後似乎有更嚴重的問題。我認識貝絲妮好多年了，她氣色看起來不太好。由於她消化不良，我把她轉診到腸胃科。腸胃科醫生替貝絲妮做了各項檢查，包括內視鏡（把軟管插進胃中與直腸），檢查結果都正常。腸胃科醫生因此向貝絲妮保證一切沒問題。然而，貝絲妮幾個月後又來找我，她的疲倦問題更嚴重了。

雖然醫院檢查結果都說貝絲妮沒事，但顯然只是從專科醫師的角度來講如此。腸胃科醫生說一切正常，意思是貝絲妮的消化系統沒問題——不代表貝絲妮全身都正常。我是一般科醫師，我的職責是退一步思考我們是否問對了問題。或許貝絲妮的問題不在消化系統，而是身體的其他部分。

最後答案揭曉。貝絲妮罹患早期子宮癌。幸好我們及時發現，貝絲妮最後沒事，但這種情形太容易被忽視了。我們太容易從最初的問題框架出發，一路走下去，停留在相關的假設之中。我得學習停下腳步，往後退幾步，重新思考——確認自己是否在處理正確的問題。

我相信所有人都曾因為假設而出錯，治標不治本。房子裡燈不亮了，你的第一反應是換燈泡，但如果新的燈泡也不亮，就得尋求其他解釋。我學生時期開的車子就碰過這種狀況。有一天，那台破舊的莫里斯迷你廂型車（Morris Minor）引擎噗噗作響，接著就在路邊拋錨。就因為油表的指針指在「全滿」的地方，我知道不可能是車子沒油了。我打電話叫道路救援服務，修車師傅抵達後做的第一件事，就是拿著油桶倒進一點汽油，我的車立刻復活，我活像個大笨蛋。搞了半天是油表壞掉，指針永遠停在滿格。

弄錯框架

如果你以標準流程降落在錯誤的機場，或是以精湛的技術剪出不合適的髮型，你的問題不在於技巧不佳，而是見樹不見林。成為專家的意思是在瞭解整體脈絡的前提下，結合知識與技能。你必須眼觀四面，耳聽八方，不能只專注於最顯眼的東西。

你在這個階段即將成為熟手，獨當一面。犯錯的後果與牽連的範圍，將不同於在學徒階段所犯的錯。錯誤如今會影響到工作本身，也會影響同事或其他人，例如病患與乘客。此外，每一次慘遭滑鐵盧，都代表背後有許多次的差點出錯。有的錯確實該責備，有的則情有可原，但無論如何，跌倒了得站起來，才能成為專家；不能不把犯錯當一回事，也不能從此不敢再試。文學家貝克特（Samuel Beckett）用一句簡潔的話說明這個道理：「一試再試，跌倒後再跌倒。無妨，再試，再跌倒，百煉成鋼。」

這種精神需要自知之明與洞察力，我再次以醫學界為例。芮妮．福克斯（Renée Fox）在一九五七年的《不確定性的訓練》（*Training for Uncertainty*）一書中，指出三種不確定性。「第一種來自未能完整掌握可得的知識。」她寫道：「第二種涉及目前的醫學知識有限……第三種不確定性則源自前兩者，很難區分問題究竟出在個人的無知或不稱職，也或者是因為目前的醫學知識有限。」福克斯專門談醫學，但所有的專業領域都一樣：你很難得知自己不知道什麼。

人們犯錯的原因通常不是知道得不夠多，而是出於某種原因做了不該做的事。不論你被耳提面命多少次，要在電腦上備份計畫，遲早你會懶得儲存，一整天的心血都白費了。不論老闆提醒過多少次，引擎上的螺帽不要鎖太緊，某天你就是不知怎麼了，不小心弄壞。你在這類錯誤中，親身體會到物質世界是怎麼一回事，瞭解與物質世界互動的感覺。你學著辨認極限，知道材料或人什麼時候已經抵達臨界點。你弄壞螺帽後，腦中的知識庫才曉得什麼叫「鎖緊」、什麼又叫作「太緊」。沒做好的感覺很糟，不過每個人都會碰上。

我在組裝大鍵琴時，也發生過。當時距離我大鬧南非約翰尼斯堡機場，已經過了十多年，人已經回到英國。我組裝大鍵琴六個月後，勝利在望，基礎部分已經完工，琴鍵就定位，數百個琴弦頂桿有模有樣。接下來要「調音」，切割弦撥，賦予我的樂器觸鍵感與音色。

調音的關鍵技巧是用小刀削好每一個弦撥，好讓每個音的音量與音色彼此配合。一旦你學會使用小刀，不會一個不小心削掉拇指，就可以開始一一處理弦撥。這是技術活。削太少，聲音會太刺耳、太突兀；削太多，聲音又幾乎聽不見。再多削一點，弦撥會斷掉。整個過程難度愈來愈高，因為相較於輕量級的高音弦，較重的低音弦需要更結實的弦撥。調整大鍵琴的弦撥必須如履薄冰，如同鄧肯的陶瓷花瓶，太多與太少都在一線之間。

辛苦幾個月後，我的大鍵琴終於完工。每一個琴鍵都準備就緒，聲音聽起來還可以，我迫不及待要彈奏看看。不過，首先得把琴搬出我充當工作室的小臥室，把房間還給小女兒。琴搬到大房間時，我嚇了一大跳，我幾乎聽不見琴聲。聲音完全不見了，因為我把所有的弦撥都削得太過頭。我後來得知這是初學者常犯的典型錯誤。我把聲音調整到適合組裝琴的房間，而非適合琴演奏的場地。套用髮型設計師法布里斯的話，頭髮修得過短時，已經來不及了。如果削過頭，根本無從補救，只能從頭再來一遍。我得逐一拆掉兩百個弦撥，再走一遍痛苦的過程。自己氣死自己。

我會出錯的原因有幾個。我之前從來沒組裝過大鍵琴，不清楚會經歷哪些階段，也不曉得大鍵琴應有的聲音。我閉門造車，周遭沒人能幫我，所以我不屬於實務社群的一分子。我試著解讀說明書上的指示，但寫下指示的人已經是專家，他知道成品應該長什麼樣子。你必須有先備知識，才看得懂那樣的指示，而我不具備相關知識。此外，由於我不曾彈過大鍵琴，我是真的不知道我的琴該發出什麼樣的聲音及音色才對。引領我走過組裝旅程的座標少之又少，也不清楚自己朝著什麼地方前進。

集體出錯與共犯

我替大鍵琴調音時，犯下的錯誤完全是我一個人的問題，源頭是我沒有經驗，不知道大方向。然而，不同於個人工作坊內出現的錯誤，手術失誤通常不是一個人獨自造成的。有時是因為沒人去管，沒人採取行動，或是集體睜一隻眼、閉一隻眼。也有的時候是事後很難解釋到底發生了什麼事。

我在醫院實習時，有過這方面的第一手經驗——我待過某個氣氛不太好的心臟外科單位，幾位主任醫生似乎為了某種原因在勾心鬥角，身為準醫師（受訓中的外科醫師）的我裡外不是人。動完心臟手術後的病患會在加護病房（ICU）休息，那裡隨時都有我要負責照顧的病人，而幾位主任醫師形成多頭馬車。我的職責是確保病患情況穩定，並調整術後支撐心臟的點滴藥物。四小時一次的ICU巡房，由主任醫師輪流主持並給予指示，每位主任都取消上一位主任所下的指令。除非是為了彰顯自己的權威，否則我看不出任何該那麼做的理由。那是一個非常不理想的工作地點。

我的職責還包括協助開心手術，替罹患主動脈或二尖瓣疾病的患者裝上心肺循環機（cardiopulmonary bypass, CPB），暫停患者的心臟，移除有問題的心瓣後，裝上人工瓣膜。雖然這是常見手術，一般而言安全性高，但一定要盡量減少病患裝著心肺循環機的時間，否則可能損害腦部，引發其他併發症。

當年的替代瓣膜是金屬支架內置有一顆矽橡膠球。心臟收縮時，球會往前移動到支架內，讓血液流通；心臟舒張時，球會回到原位，堵住血流。支架周圍則有一圈織物，新的瓣膜將牢牢縫在上頭。

有一次，我擔任一場瓣膜置換手術的第二助手。主刀人是資深的主任醫生，第一助手是主攻心臟外科、經驗豐富的準醫師。團隊的其他成員（刷手護理師、流動護理師、幫浦技術人員及其他許多人）也執行過無數次這種手術，而我總共只觀摩過兩次瓣膜置換手術。

病患裝上心肺循環機、心臟停止跳動後，主任迅速切除有問題的瓣膜，接下來是小心縫上新瓣膜的重頭大戲。主任和平日一樣，先來一圈長縫，針穩穩穿過問題瓣膜剩餘的邊緣，連結人工瓣膜的織物圈。主任會把新瓣膜撥到線以下，與心臟融為一體，接著綁好縫線。

主任在執行這些步驟時，我漸漸感到不安。我試圖想像新瓣膜裝到心臟上之後的狀況，矽橡膠球將如何在支架內移動。似乎哪裡不太對勁，我無法想像血液要如何依據正確的方向流過。我幾乎考慮要不要出聲提醒，但又覺得這怎麼可能。眼前這位經驗高度豐富的外科醫師，不可能把瓣膜裝反。反正要是真的弄錯，其他團隊成員（同樣也經驗豐富）一定會出聲，所以我什麼都沒說，繼續拿好牽引器，讓主任套好瓣膜，拉緊所有縫線。他的第一助手剪掉每個多餘的線頭，牢牢綁好結。

突然間，主任明白發生了什麼事。手術房裡鴉雀無聲，沒人敢說話。主任先是飛快罵了一聲髒話，接著指示：「護理長，我需要移除這個瓣膜，再裝一次。」在場的每個人都知道事態嚴重，延長手術時間會提高心肺循環機帶來的風險。主任剪掉所有縫線，移除瓣膜，再度執行一模一樣的手術步驟，中間沒人敢說半句話。事後我也不曾聽到任何人提及這件事，彷彿一切都不曾發生。幸好病患沒事，但這個錯誤原本有可能造成無可挽回的後果。

事後回想起來，我有辦法從主任的角度理解為什麼會發生那種事。出錯的原因在於高壓、高風險的工作，導致注意力集中在一個狹窄的範圍。專家需要有能力專注於眼前的任務，屏除一切分心事物。他們的精神高度專注在手上的事，給予百分之百的注意力。然而，這麼做的風險是見樹不見林，沒意識到周遭發生了什麼事。我們很容易就能想像，由於太專注地做一件事，比如說，為了縫合好心臟瓣膜，就忘了問更大的問題，例如有沒有裝對方向。你可能滿腦子想著眼前的挑戰：縫合脆弱組織，調整縫線的緊度，做到百分之百的密合，還得以飛快的效率完成。就如同我駕駛著迷你塞斯納，在約翰尼斯堡機場搞了大烏龍，或是我回英國後試圖調整大鍵琴的音色，當我們和細節搏鬥，很容易忽略大方向。

更大的問題出在手術團隊。我至今都無法理解，當時怎麼沒有一個人出聲提醒。許多人一定知道裝錯方向了——第一助手絕對知道，刷手護理師也知道，現場的其他人八成也知道。但是大家都不講話，大概是因為不願意挑戰權威，害怕被嘲弄還輪不到自己開口，也許還包括可能致命的幸災樂禍。在那個工作環境，野心勃勃的專業人士龍爭虎鬥，心中想的不是為病患的權益齊心協力。就連我，我也感到好像哪裡不太對勁，卻不敢提出來。我在那個階段，不過是某個實務社群剛入門的邊緣菜鳥，還不熟悉社群的做事方式，因此也當了共犯，跟大家一起保持沉默。

在全球各地，保障病人的安全都是重大的議題。醫學界與外科向航空業取經，駕駛艙內的權威階級尤其能提供借鏡。階級制度有一個惡名昭彰的問題，那就是集體沉默。由於航空業在多年間發生一連串重大意外的源頭往往是溝通不良，因此授權每個人都能發言，安心指出明顯的問題。航空公司目前的作法期待，若有任何團隊成員注意到不對勁之處，都要大聲說出來——航空人員也實際做到了。我在經歷過那場心臟瓣膜手術之後，有幾年經常想到我的經驗證明了醫療疏失很少是單一一個人的問題。我不停思索自己當時為什麼沒站出來講話。

研究「錯誤」這個主題的大量文獻證實，災難的成因很少是個人的無能、粗心或純粹運氣不好，但是一個又一個案例也顯示，組織與制度出現更全面的問題時，個人又是如何成為代罪羔羊。醫療疏失持續把問題推給個人，其中知名的案例是小兒科醫師哈迪扎・巴瓦–加爾巴（Hadiza Bawa-Garba）。這位醫師治療的一名孩童不幸死亡，曝露出醫學及其他行業處理傷害的作法存在著隱憂。詹姆斯・瑞森（James Reason）、唐・貝里克（Don Berwick）、查爾斯・文森（Charles Vincent）、葛文德（Atul Gawande）等專家，也探討過我們提出的假設、採取的行動，以及承認犯錯、從錯誤中學習的難度。他們幾位的見解符合生死攸關產業的研究結果，包括飛航、海上石油探鑽與核能等。

瑞森的著名貢獻是提出「瑞士起司」錯誤模型（Swiss cheese model of error）。他指出系統的弱點有如艾曼塔起司（Emmental）的洞。如果幾片起司疊在一起時，每一片的洞剛好對上了，錯誤就會穿過那些洞，引發災難。我當年會開著 KSL 闖進約翰尼斯堡機場，正是因為一連串的陰錯陽差。我缺乏飛行經驗，機場的塔台團隊也剛好沒留意，系統處於低警戒的狀態。那次是運氣好，沒有大型班機剛好穿越起司洞，朝著我而來，但確實令人捏一把冷汗。我祈禱塔台團隊學到的教訓跟我一樣多。

專家與錯誤的關係

錯誤與學習的關係是什麼？即便無人死傷，錯誤也有可能大幅影響你和你的工作。犯錯時，你很容易認為自己沒用，不再相信自己。你得想辦法區分錯誤對你的工作造成的結果，以及錯誤對你本人的影響。你如何處理這些事，決定了你是否把犯錯視為有建設性的過程，抓住機會讓自己成熟與進步。另一種可能則是你的自信心大受打擊，一蹶不振。音樂家與管理者都會談到準備、上場，以及跌倒了再站起來的復原力：在事情出錯時有能力撐過去，從經驗中獲取正面的教訓。然而，即使錯誤能教我們不少東西，在很多情況下，錯誤依舊令人聞之色變。

錯誤的起火點有時是無知、粗心或傲慢。如果是那一類原因，你需要承認自己也有不大好的一面，並且不貳過（我的確不曾再降落在錯誤的機場）。如果不是這樣的原因，錯誤有時只是專家之路上會碰到的痛苦環節。當然，犯錯的後果要看你的專業領域而定。有一句老話是，如果你在演奏會舞台彈錯音，沒有人會死。然而，如果是開刀或開飛機時犯錯，的確有可能致命。如果你把焦點擺在誰會被錯誤波及，如觀眾、病患或乘客，錯誤的確會致命沒錯。不過，錯誤也可能讓犯錯的人再也站不起來。鋼琴家如果是在事業的早期彈錯音，導致嚴重的上台恐懼症，有可能就此停滯不前，無法成為專家。唯有從錯誤中學習，培養復原力，才能更上一層樓。

回到巴拉瓦納斯醫院的手術室與喬納斯，我等待自己激烈的心跳恢復正常。我必須暫時不去想，萬一剛才真的剪斷了居然是內頸靜脈的灰色濕軟構造，那會發生什麼恐怖的事。我衝得太快，做出自以為是的假設。我壓下恐慌感，強迫自己恢復條理，慢下速度，檢視眼前的每一個構造。教科書中的知識再度冒出來，解剖室回到眼前，我開始弄清楚喬納斯受傷頸部的樣貌，以及所有我花了那麼多時間背誦的棘手迷你部位。我認出幾個熟悉的構造，回歸正軌。我發現這場手術或許難度很高，但並未超出我的能力範圍。我或許撐到了極限，但此時只要管好自己，保持專注，應該沒問題的。

我終於找到出血點，拿血管鉗控制出血，用細針縫合。我拿掉鉗子，手術區沒噴出一堆血，我心中的大石落下。最後我縫合傷口，把喬納斯送進恢復室。在那之後，每次我看見喬納斯，就想到我們兩人差點萬劫不復。喬納斯恢復得很不錯，讓我鬆一口氣，但我也很不安；他抵院時原本傷勢就很糟，又碰上我這個菜鳥，真是九死一生。然而，單飛的過程就是這樣。

結論是所有人都會犯錯，但是因為沒經驗而出錯，不同於粗心大意做錯，更不同於努力嘗試後、發現行不通的「可敬的錯誤」。要進步，就得勇敢離開工作坊或工作室的庇護，踏入真實的世界；一路上事情不免出錯，這下子犯了錯會有後果，自己和其他人都會受到影響。成為專家，有一部分便是愈挫愈勇，想辦法重新站起來。你不能無視自己的行為造成的影響，但也不能就此自信全失。

你現在準備好從有人保護的學徒世界，進入獨立執業者的天地，加入會碰上風雨的熟手行列。我們已經提過幾種可能發生的狀況，包括差點失誤與千鈞一髮。接下來的章節則會探索，當你勇闖世界，培養成為專家的獨門風格，你的內在將產生一些轉變。這種事情感覺很神奇，在某種層面也的確是魔術。

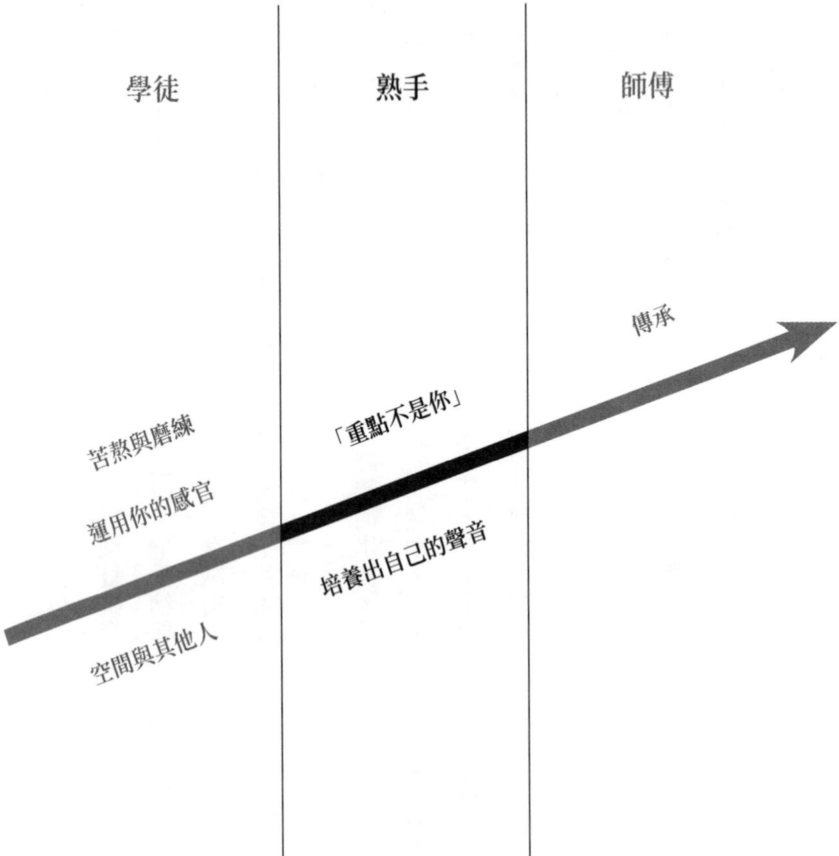

學徒
熟手
師傅
苦熬與磨練
運用你的感官
空間與其他人
「重點不是你」
培養出自己的聲音
傳承

7「重點不是你」

一九九〇年時，我人在特羅布里奇的一般科診療室。莎拉在剛過完聖誕節來預約看診，先前我只見過她一、兩次。我擔任一般科醫師的時間還不是很長，急於表現。我對自己的醫學知識感到自豪，急於炫耀。

莎拉告訴我，她經常覺得人不太對勁，尤其是冬天快要晚上的時候。這回看診，她還抱怨有一點消化不良，八成是因為剛和兒孫轟轟烈烈慶祝完聖誕節，全家人有點過頭了。莎拉的食欲向來不好，人不舒服，但也說不出個所以然。幾天前，先生告訴她，她眼白看起來黃黃的，不過莎拉認為那只是光線問題。

我觀察莎拉，心想她先生可能說對了，我開始感到不安。黃疸是不妙的徵兆。多問幾個問題後，我請莎拉躺在診療台上，開始檢查她的身體。我一把手放在她的腹部（專有名詞是「觸診」），就知道事情不對勁。莎拉吸氣與吐氣時，我感覺得到她的肝臟邊緣僵硬不規則。我的外科直覺冒出來，莎拉的情況很嚴重，八成是癌症。

從臨床的角度來看，我很開心自己辨認出病灶。我在當外科醫生時，治療過大量症狀和莎拉一樣的患者，我知道該如何處理。莎拉需要驗血、照X光和掃描，緊急轉診給專科醫師，接著大概要動大手術——那種我以前會自己上場的手術。

我檢查完，和莎拉一起坐在桌前。莎拉問我她出了什麼毛病，我差點就要脫口說出診斷，再列出可能的治療步驟，讓她明白我的診療有多百發百中。

然而，我想起重點不是我，重點是莎拉。這不是我炫耀醫學知識的巡房時刻。我和另一個人類坐在一起，我必須用某種方式告知她可能罹患絕症。莎拉沒興趣知道我是如何成為厲害的醫師，一路上如何過關斬將。這一刻，那些都不重要。我要利用知識替莎拉做對的事，我的知識才能發揮作用。重點不是我需要告訴莎拉**哪些事**，重點是我該**如何**告知。

不知怎麼，我感覺不能開門見山。我沒直接說出我認為出了什麼問題，而是反問莎拉：「**妳**認為問題可能是什麼？」莎拉凝視著我，我們相視無語。

關心的魔力

本章將探索「從你到他們」這個關鍵的轉換，看專家如何把焦點從自己身上，轉移到他們服務的對象。這種轉變的核心是**使命**。你的使命是你最初努力成為專家的原因。「從你到他們」是一種內心的轉變，通常是悄悄發生，不一定剛好配合從學徒到熟手、從被監督到獨立作業的發展階段。你很難確切指出，那樣的轉變發生在什麼時刻。有的人一開始就懂，有的人似乎不曾開竅，但這種重心轉移是專家修練的核心元素。

我們目前處於專家之路的第二階段。你把當學徒時學到的東西，應用在真實世界存在的問題。你再也不是受到保護的受訓人員——你的工作對他人造成的影響，你必須負起責任。你走過數年的苦熬與磨練階段，成為運用工具與素材的高手，順利遊走於他人的個人空間。你已經單飛，碰過差點失誤的時刻，犯錯後重新站起來。然而，這一切都是你你你，**你的**發展、**你的**技能、**你的**錯誤。現在你得改把注意力放在他人身上。

首先，我先帶大家看一種不尋常的專家表演——魔術。把重大疾病與娛樂性質的魔術放在一起討論，似乎有點牛頭不對馬嘴，但我會解釋這些表面上不相關的專家法則，其實有著重要的相似之處。治療重症與表演魔術都需要高度專業的知識與技術能力，而且兩者都必須關心當事人的體驗。

理查・麥多葛（Richard McDougall）來到你桌前，你和幾個朋友正在聚餐，沒想到有人會不請自來。理查問你想不想看魔術，你說好，接下來他的奇幻表演令你目瞪口呆。錢幣與撲克牌有了生命，違反自然法則。東西似乎在半空盤旋，接著消失不見。幾分鐘後，理查向你們所有人微笑說再見，然後就離開了。剛才的事發生在一瞬間，從頭到尾一點也不奇怪或尷尬。理查沒有打擾到你們吃晚餐，反而讓今晚豐富起來。他不是在炫技，而是為你們這一桌帶來新鮮的活動。理查成為你們的一分子，一起聊天。他剛才做了什麼，是怎麼辦到的？魔術的本質是什麼？我向理查提問，他回答：「你得明白魔術與你〔表演者〕無關，重點是他們〔觀眾〕。」

理查的魔術靠的不是手很靈活或技巧高超，即便他的手法確實出神入化。理查的魔術精華在於他帶給你的感受。理查在學習成為近景魔術師時，已經練習魔術戲法很多年，但是光靠巧妙的手法構不成魔術。魔術需要有觀眾，而且觀眾要能夠相信在當下那個瞬間，不可能的事情成真了，魔術才會成為魔術。理查的魔術生涯關鍵是頓悟觀眾的體驗才重要，他自己的並不重要。他表演時，不會只把注意力放在如何完成步驟，而是放在觀看的人有什麼反應。理查運用厲害的觀察能力，解讀並回應觀眾無意間透露出的蛛絲馬跡。

成為專家的必要條件是把注意力放在體驗你的工作成果的人身上——從他們的角度出發，而不是你的。這種轉變將使你對自己的個人特質、你的專家身分開始產生信心。你在培養自身獨特性的同時，要把自己放在次要的位置，這樣的要求看似相互矛盾，背道而馳。下一章我們會再談其中的難處，這裡先繼續談從「你」轉換到「他們」。

我認識理查時已經改而從事教職，但是和他聊天令我回想起我的外科歲月。在我專注於手術技巧的那些年，理查則是在練習紙牌與錢幣，兩個人都深深投入自家領域需要的技巧。

我熱愛開刀，大部分的外科醫生都喜歡開刀。與活體組織打交道的實體感受令人著迷，我感受到一種幾乎成癮的滿足感。劃出切口，露出內臟，切下病灶，移除壞死，再次縫合；打開腹腔，鬆動結腸，露出輸尿管，切除或巧妙接合受損的腸段。就連以最少的針數漂亮縫合皮膚，也能帶來深沉的滿足感。我享受成為人體活組織的工匠，有很長一段時間把焦點放在自己身上，專注於我培養出的技巧。然而，我動刀的對象是真實存在的人，我必須記住為什麼我要動手術，我是在對誰做這件事。

我在職業生涯中，聽說過有臨床醫生把自己蠢蠢欲動的心情，置於病患的最佳利益之上。那種外科醫師會說自己「手癢」，等不及要動手術，判斷力有時因此受到了蒙蔽。這樣的外科醫師有可能進行實際上沒必要或是超出經驗的手術。他們有時會應付不了狀況，造成不必要的傷害，甚至弄錯優先順序，導致事情失去了平衡。

你必須擁有宏大的目標，才能夠成為專家。專家之路需要多年全心全意地投入，你必須給自己這麼做的好理由。當然，得以製作、創作與設計本身就會帶給個人滿足感。不論是什麼事，把事情做好也會有所收穫。然而，成為專家有著更高遠的理想：**替**他人服務。關鍵元素是**關懷**；你有責任關懷所有和工作相關的人事物。你的素材可能是黏土或白銀、文藝復興雕像或活生生的人——不論媒介是什麼，你必須加以尊重、照顧。

這不是一段線性的過程，沒有明確的「從你到他們」的轉換。你不會在某個特定的時刻，從關注自己的技術變成關心他人的需求。這樣的過程是漸進的，很難講在何時發生。不論你是臨床醫師或魔術師，實際的狀況是，在你百分之百有信心之前就開始執業，面對受眾——在他人面前變魔術、演奏樂器或開刀。弄掉一張牌、忘記樂句、傷到重要的人體結構，或是看起來像個笨蛋，都會把你嚇得要死。你的技術還有精進的空間。

然而，要如何確保握有一流技術的誘惑力，但不會左右你的判斷力，忘記關懷他人，不知見好就收？怎麼做才能確保你不會過度關注自己，忘掉最初入行的原因？我在一般科的診間替黃疸病患莎拉看診時，心中閃過這些問題。

我請莎拉說出她認為自己怎麼了。莎拉回答，她的人生最近正面臨多事之秋。兒子的婚姻岌岌可危，又再度酗酒。孫子也不對勁，莎拉猜測他在學校被霸凌，但不肯說出實情。此外，莎拉服務數十年的工廠正在裁員，公司的財務狀況看來不妙。莎拉現在根本沒有餘力生病。

莎拉的健康到底出了什麼狀況，看來不是她最關心的事。莎拉和我不一樣，心中想的不是醫學檢測與手術。她正在煩惱如何處理家中烏煙瘴氣的事。她會來找我，是因為疲憊感妨礙她解決問題。我相當確定莎拉患了嚴重的疾病，愈快轉診給專科醫師治療愈好，但這麼做可能讓她最擔心的事雪上加霜。

我需要莎拉正視自己的症狀，但也要和她生活中的其他事情取得平衡。如此一來，我才能協助她瞭解該怎麼做。醫生和其他專家一樣，職責是找出問題並協助解決。然而，當一名**好**醫師並不簡單，不光是判斷某個人身體出問題，便要他去做檢查。

良好的判斷力

我甚至是在研究醫療很長一段時間後，才瞭解有必要把重心從自己身上轉移到他人。多年來，我是我醫學世界的中心。在職涯的早期階段，外界評估我的方式是我懂得多少。我努力背誦知識，學習看診，培養操作型技能。我利用治療病患的方法，向醫界同仁與審核者證明我懂醫學。我發展職涯時，渴望能讓花了超長時間學到的事實與技術派上用場。

我在非洲當創傷外科醫生時，重點放在學習如何開刀。當我把病患送進手術室，他們的人格特質幾乎消失。傷者抵院時通常處於昏迷狀態，我沒有機會在動手術前認識他們。當病人躺在手術台上接受麻醉，我被迫把注意力放在他們的身體。每一場手術都是一次技術的挑戰，我培養出相關的技能，成為人體組織的工匠。即便開完刀後病人開始痊癒，我也沒時間好好認識他們，忙著處理更多的傷患。

當時的我想著如何能更加熟練，獲准扛起更多的責任。我想執行更厲害的手術，開更棘手的刀。我對於要**如何**動手術的興趣，勝過**為什麼**要動手術。由於我的焦點是我自己，我沒去多想臨床的判斷。

好的判斷很複雜，有可能難以辨認。我還是手術團隊裡的初階成員時，由老闆決定需不需要開刀，我的注意力則放在手術本身。我想要在手術室扮演「協助」的角色，進而親自開刀——我觀察老闆怎麼做，然後他們逐漸把任務移交給我。從只負責拿著牽引器，到執行手術的一小部分，最後在有人監督的情況下執行整場手術，我在整個過程中學習**如何**開刀。然而，是否要開刀、要動哪種手術，由別人來決定。整體情況由其他人控管。如果事情出錯，由主事者接手，協助我處理。在那個階段，我的執行能力勝過我的經驗與判斷力。我只見到事情全貌的一部分——每一位病患對我來講都是一具身體，不是一個人。

然而，判斷是否要開刀、要開哪種刀，挑戰性更大。我還在當外科住院醫生時，有一位主任醫師告訴我：「普通的外科醫師知道如何開刀；好的外科醫師知道何時要開刀；優秀的外科醫師知道何時不該開刀。」不開刀需要動用判斷力與克制力。你關懷病患的義務必須超越你的躍躍欲試。等到我開始在巴拉瓦納斯醫院帶領創傷團隊，就必須親自下這樣的判斷。

裁縫師約書華在職涯的這個階段，也學到類似的事情。約書華先是花了四年學習成為縫製師，接著又從頭學著當剪裁師。約書華展開第二段學徒生涯時，必須學習一套新技術。他當縫製師時，把注意力放在自己身上以及嘗試掌握的技巧。那段期間，約書華手忙腳亂製作口袋蓋與釦眼，幾年間都是負責無聊的重複性工作，感覺上沒什麼價值。到了學徒期的尾聲，約書華已經掌握行業的技術部分，手藝精湛，擅長製作專業的西裝外套。當時的他跟我一樣，專注於自身的技能。

如果你是訂做西裝的顧客或客人，你永遠不會見到縫製師，縫製師也不會看到你，就像病患不會看見手術室的幕後場景。然而，剪裁師有很多時間要和客戶打交道。約書華在替客人量身時，不論自己的生活發生了什麼事，他看上去都從容不迫。約書華和客人天南地北地聊天，外在的世界彷彿消失不見。然而，不論約書華是在隨口聊板球或布料圖案，他都不是在硬找話題，而是和客戶建立關係，讓每位客戶清楚感受到自己獲得約書華全部的注意力。客人頭幾次過來時，約書華會讓他們看樣本冊，留意細微的線索，找出這位客人到底喜歡哪種布料，哪些時候則是在客氣。如同魔術師理查會觀察觀眾，約書華同樣也會解讀客人，心思敏銳，隨時都在觀察、思考並記下自己發現的事，把細膩的觀察儲存於腦中，等著日後派上用場。

客人每次試衣時，約書華會在他們身邊打轉，偶爾在初期做好的外套加上粉筆記號。有時他會拆下某些部分，「大卸八塊」，剪斷固定住衣領或袖子的假縫，拆開衣服的各部分，調整過後再度組裝，等著下次試衣。這麼做可以向客戶證明，那套西裝確實是替他們量身打造——專屬於他們的身材、他們的需求、他們的生活方式。衣物本身反映出，約書華完全瞭解這位客人當初**為什麼**會上門訂做全套西服或外套。

奇妙的是，這點和醫生很像。你聆聽之後再開口。我成為一般科醫師時，從醫學界的縫製師變成了剪裁師。我耗費大量心血獲得的精湛技術退居幕後。我這個人再也不是由開刀房定義，而是我的診療室。

手肘以上的學習

我是從魔術師身上，發現從「你」到「他們」的轉換。我瞭解這個道理時，本身已經完成轉換，但尚未以這樣的講法來思考。然而對魔術師來講，這樣的轉變再自然不過。雖然醫療的風險遠高過魔術，魔術師與臨床醫生同樣有受眾。少了受眾，高超的手法與技巧依舊存在，但就沒有魔術，也沒有醫療。成功的必要條件是讓受眾加入你。

我第一次見到理查時，我在倫敦帝國學院主持外科教育的碩士課程。理查是英國頂尖的近景魔術師，獲獎無數。他是「核心魔術圈」(Inner Magic Circle，譯註：魔術師社團「魔術圈」〔Magic Circle〕的更高等級）的成員（榮獲金星），曾經奪下世界公開賽（World Open Champion）的近景魔術冠軍，在英國女王與威爾斯親王面前表演，也在世界各地巡演。觀看理查表演是不可思議的體驗。不用說，他的手法令人印象深刻。理查和所有同等級的魔術師一樣，擅長製造看似不可能的景象。然而，理查更了不起的地方，在於他引導觀眾的方式，以及他解讀人的本領。理查耗費數十年的歲月，培養出這樣的功力。

理查告訴我，不論觀眾是一人或一千人，身為魔術師的你必須讓觀眾相信，你正在做一件不可能的事。理查在早期歲月學習如何讓人們專心看著他，擄獲並引導觀眾的注意力。「魔術不是給觀眾錯誤的資訊那麼簡單。」理查指出：「魔術師擅長讓小事看起來超級重要，以及讓百分之百關鍵的部分看起來無足輕重。」

理查六歲開始學魔術。照他的講法，他八歲時一度「退休」，幾年後復出，全心投入魔術。理查從物理操縱的技巧著手，練習玩錢幣、紙牌與杯子。理查稱之為「手肘以下的學習」。

理查當年學的魔術全數來自書本，不過今日你可以模仿線上的專家影片，很多人初學就很厲害。然而，不論你手有多巧，要是少了觀眾，動作就只是動作。沒人看，就沒有魔術。魔術**體驗**是共同創造出來的，發生在「手肘以上」。那是理查真正高明的地方。

理查表演時，創造出一個讓觀眾沉浸其中的空間，利用個人風格與魅力，把觀眾的注意力引導到他想要的地方。這麼做可以空出一個地帶，那個地帶離觀眾的視線所在非常近，但觀眾沒去關注。身為魔術師的你，必須瞭解如何轉移注意力的焦點，知道觀眾在看哪裡，接著在表演魔術時，利用那些空出來的知覺盲點地帶。

「道理就跟拳擊一樣。」理查告訴我：「有的位置是進攻，有的位置是防守。拳擊手會虛晃一招，假裝要出拳，製造出一個空間，再用另一隻手實際進攻。魔術師也一樣。你創造出一個時刻，觀眾心想：『來了，來了，要來了，不能錯過。』然而，什麼事也沒發生，他們鬆懈下來。觀眾稍微降低戒備時，你可以做點什麼，再度吸引他們的注意力。魔術師學會這樣切換注意力，觀眾因此沒察覺他們的手法。魔術不只是動作靈巧那麼簡單，同一時間發生了很多事。」

那麼理查是如何成為今日的專家級表演者？他從苦熬與磨練的階段起步，數十年前在倫敦第一家「魔術餐廳」初試啼聲。一星期有五天到客人桌邊表演，星期六一連工作十三小時。當時他已經手指靈活，掌握「幻術」，成為手肘以下的專家。然而在那個階段，魔術招數對他來講，已經開始變得重複性很高，而且索然無味，每天晚上都得做一樣的事。

理查可以靠著早已滾瓜爛熟的技巧，不假思索地變魔術，但他也努力成為手肘以上的專家——成為專家級的表演者。他向自己下戰書，譬如：如何利用肢體語言，讓目中無人的年輕主管真正放輕鬆，或是讓呼風喚雨的執行長忍不住往前靠，全神貫注地看魔術。理查的時間可以用在開發更時髦的魔術——需要高超戲法、超越他能力極限的大膽魔術。然而，驕傲的主管或高人一等的執行長，是否會知道A魔術的手法比B魔術難？畢竟如果是完美的魔術，觀眾根本不會察覺你是怎麼變出來的，也因此理查不隨便追求技術性目標，而是把餐廳歲月當成實驗室，學習如何讓觀眾入迷。

理查還談到「無聲勝有聲」的重要性。「許多魔術師認為，觀眾如果沒鼓掌或沒在笑，代表他們並不享受魔術。」理查告訴我：「但實情可能根本不是那樣。那是很難學到的一課。鴉雀無聲確實令人尷尬，但人們實際上是在思考、在評估，試著消化。如果帶著一顆溫暖的心，善解人意，安靜十分有用。」理查表示，每一招魔術都需要時間沉澱。許多魔術師會急急忙忙表演下一個節目，但那是錯誤的作法。

醫生同樣也得自在地與無聲相處——我們跟魔術師一樣，不容易學到這件事。當年我和莎拉坐在診療室，我等著她聽進我們的對話。無聲不只是不說話；無聲帶來另一種溝通的空間。一般科醫師與心理治療師約翰．羅納（John Launer）有一次告訴我：「兩個人的沉默也能構成對話。」然而，我們往往急著打破沉默，說個不停，沒能聆聽。我們躲避沉默，急著填補空白。

當我們聆聽，不急著說話，注意力會放在應該在的地方——我們的工作瞄準的目標。因此，聆聽是專家的標誌。我們無法永遠處於播放模式。我們替他人做某件事時，需要安靜與專注。工作的溝通面向，包括表演者與觀眾之間的你來我往，都需要播送、接收與無聲。

魔術老師給過理查最好的建議，便是去看其他魔術師表演——去觀察看魔術的觀眾，而不是表演者。理查站在觀眾後方，學著辨認出觀眾感興趣的細微訊號。他發現人們不是很專心的時候，閃爍的眼神道出了很多事。理查嘗試解讀觀眾的集體反應，日後應用在自己上場表演的時刻。理查成為牧羊人，把羊群趕在一起，引導牠們走向羊圈，抓住羊兒一起行動的時機。理查開始瞭解如何把羊引到他想要的地方，包括羊的身體與羊的心思。

魔術師有一句談觀眾的名言：「如果你希望觀眾看著某樣東西，那就看著**那樣東西**；如果你希望觀眾看著你，那就看著**他們**。」這招屢試不爽。如果你看著某個人，那個人會忍不住看你，這深植於我們的人類本能。這個看似簡單的洞見，事實上威力強大。從社交聚會一直到專業表演，當你有辦法引導人們的注意力，你就能把那項能力應用在所有的情境。

不過，倒過來講也一樣。如果你「不」想要人們看著某樣東西，那就別盯著那樣東西。凡是看過醫生、見過理專或面試過工作的人都知道，如果對方眼睛望著電腦螢幕、沒和你交流，那是什麼感覺。你會被他們看著的東西所吸引，不論你是否看得見他們在看什麼。你與他們之間那條隱形的線已經斷裂。

表現出你的注意力沒放在對方身上，將發送出一個強烈的訊號，說明你不感興趣。然而你是專業人士，很容易忙著達成工作的要求，比如把資料輸進電腦系統或上網查東西，忘記思考當事人與你相處時獲得的體驗。

躋身為專家時，你的行業需要具備的子技能，一定已經成為直覺的反應。我們在第三章看過相關理論，我們從認知期、連結期，最後進入專家的自動期，累積足夠的經驗，不假思索便能「做」。皇家音樂學院有一句話：當你以學生身分上台，你一定已經勤練到最精彩的表演有足夠的水準。然而，如果是以專業人士身分上台，你**最糟的**表演也一定要練得夠好。此時，你早已遠遠超越自認完全練好曲目的程度。即便感到恐懼或不安或是事情無端出錯，你都有辦法靠實力撐過去——不論發生什麼事。

教科書理論稱這種現象為「過度學習」（over-learning）。你必須在各種情境下都能發揮，尤其是碰上額外的挑戰也不能失常。你不能只在素材與工具都是高品質或順手時，才有辦法雕刻、切割或縫合；碰上石材或木料有缺陷、器材不鋒利或缺少工具，你也能夠應付。遇到身體出狀況，像是疲憊、不舒服、壓力大或焦慮，你都能夠上場。你必須熟知處於平日的極限或超出極限是什麼感覺——你和你的材料與情境最多能承受到什麼程度。不論你處於什麼狀態，都必須讓受眾滿意。

令人難忘的表演

此外，不論是魔術秀或看醫生，你必須設計人們將如何記住這次的體驗。我和另一位魔術師威爾・豪斯頓（Will Houstoun）合作過，他表示每場魔術會發生三次。第一次是魔術師實際變戲法的時候。第二次是觀眾事後想起，在心中重播，試圖釐清發生了什麼事。第三次是觀眾向其他人描述自己看到的魔術。每一次，故事都會出現一點小小的變化，專業魔術師有辦法巧妙地操縱，讓觀眾記得表演者想讓他們記得的東西，而不是記住實際發生的事。

不只是魔術師如此。專家會替選擇性的記憶設計情境，引開注意力，讓注意力集中在某些領域。雖然人們看醫生不是為了娛樂，看完醫生後，還是要讓看病的人留下正面的印象，即便研究顯示，病患不太記得醫生實際上說過什麼。他們記得的是這次看病帶來的感受。病患離開時，應該要感到這次的看病經驗對自己有幫助，而且醫生在意他們的感受，願意關懷他們。你必須讓病患感覺看病的重點不是醫生，而是他們自己。

當然，以上不只適用於醫生與魔術師。各種專業領域都一樣，執業時多少都帶有表演的成分。工程完工後，我們依然記得工人到我們家是什麼感覺。這就是為什麼髮型師法布里斯會有回頭客——客人不只是喜歡法布里斯替他們做的造型，還記得自己喜歡讓法布里斯剪頭髮。

學習聆聽

鏡頭回到我替莎拉看診的診療室，我得決定接下來該怎麼做。我知道莎拉的醫療需求——她需要驗血、照ＣＴ、緊急轉介給專科醫師。然而，莎拉將很難接受這一切。我不想誤導她，也不能告訴她一切都會沒事。因為我相當確定實際狀況不大妙，我得誠實以對。如果我判斷正確，莎拉確實罹癌，接下來幾個月我們將頻繁見面。我們需要信任彼此。我的角色是引導她的生病體驗，盡量讓治療過程不那麼糟。如果要做到這一點，我得配合莎拉的速度，不能強迫她跟上我。我需要給莎拉時間，提供空間，安靜聆聽。那麼我要如何讓事情有些進展呢？

一開始，我不說話，只是靜靜等候。接著莎拉說：「我在想，這次會不會是比較嚴重的問題。會不會是……？」

過了幾秒鐘，我回答：「或許我們想的是一樣的。我可能弄錯了，我希望我弄錯了，但妳告訴我的症狀讓我有點擔心。我們需要進一步瞭解情況。我會安排一些檢查，預約醫院的專科醫師。妳覺得呢？」

莎拉不情願地嘆一口氣。「好吧，醫生。」她說：「那就來吧。」我們兩個人都知道這只是故事的開端，但至少我沒用莎拉尚未準備好聽見的事情去催促她。

我們談著談著，莎拉透露這件事她已經擺在心裡好一陣子，她知道自己可能生了重病，但生活中發生的每一件事都讓她不想承認這個可能性。她沒時間生病。莎拉感到一旦確診是大病，她將無法應付後面的事，因為有太多人依賴著她。我們結束這次看診時，莎拉答應讓我安排幾項檢測，並轉診給專科醫師。

結果出爐，如同我們半猜測的那樣，莎拉確實罹患癌症。從那時起，治療之路似乎已經定好——手術、術後復原、康復期。不過，莎拉得的是胰臟癌，那就是為什麼她的眼睛因為黃疸而變黃。惡性胰臟腫瘤是特別棘手的癌症類型，確診時我的心沉了下去。

接下來幾星期、幾個月，我和莎拉的確經常見面。莎拉最害怕的不是疼痛，甚至不是死亡，而是擔心一個人孤零零地待在醫院裡。萬一她死了，她不曉得家人要怎麼辦。所以我們花了最多時間談這件事。莎拉最需要我的地方不是醫學知識，而是挪出時間陪她說說話。

我後來明白，我是在協助莎拉走過一段旅程，而不是在治療疾病。我能提供的最佳照護，不是告訴她藥物能如何減緩癌症的科學原理，不是說明她即將接受的手術，也不是大談檢測結果與數據背後的技術細節。那些事全都有意義，我必須懂得那些事，才能引導莎拉做決定，但我真正的工作是把所有的注意力放在聆聽上。我能提供的最佳藥物是把焦點擺在莎拉身上。

好了，回顧一下我方才提到的原則。首先，你必須對工作的實作部分具有信心——

剪瀏海、變魔術、裁製西裝外套、下診斷。你不斷地練習、再練習，直到技巧成為你的第二天性。日積月累後，即便碰上難搞的素材、身體不舒服或是惱人的狀況，你也有辦法搞定。

接下來，你的注意力往外延伸，專注於你服務的對象，留意受眾如何回應。你已經熟能生巧，不必再把注意力放在動作上，可以把空出來的注意力，用來留意與詮釋身邊的人提供的非語言線索。最後，你思考人們離開時，你要留給他們什麼樣的印象。目標是優雅落幕，你自豪自己辦到的事，對方也慶幸這次遇到了你。

本章探索從獲得個人的知識技能，過渡到利用自身能力去造福他人。你一定得離開專家之路最初的「自私」階段，改而「分享」。不過，你要先把技術練到爐火純青，才有辦法把注意力放在整體的表現上。如果你無法每次都把錢幣變不見，觀眾不可能為此著迷。如果你不確定手術要**怎麼動**，你不可能決定**何時**該動手術。如果你和一群人一起演奏音樂，碰到節奏快的段落就焦躁不安，你不可能聆聽周圍的人奏出的樂音，更無力想到你的聽眾。如果你十七個呼吸困難的原因都背不全，你根本沒有餘力聽見病患想要說什麼（更重要的是沒說出什麼），因而錯失提供線索的微細訊號，無從得知究竟發生了什麼事。

儘管這種從「你」到「他們」的轉換很容易受到忽視，這卻是你培養個人獨特風格的關鍵步驟。注意力從集中在自己身上，改成關注他人，不代表你的個人特質就此消失。事實上正好相反，個人特質將使你成為獨樹一格的專家，我們將在下一章繼續探索這個主題。

8 培養出自己的聲音

我位於威爾特郡（Wiltshire）的診療室門打了開來，哈利走進來。那天早上看病的人潮絡繹不絕，外頭還有一堆民眾在等，我壓力很大。我見過哈利兩次，但不是很熟。哈利七十歲出頭，手指被尼古丁染了色，有點哮喘。他坐下後，我問他怎麼了，他說自己咳了幾個星期，很擔心會不會有什麼嚴重的問題。哈利看起來不太對勁，我感到有點不妙，便取出他的病歷，翻找他的病史。我正準備問哈利幾個問題；這時看診畫面凝結，我的導師讓影片暫停。

我人在一間住宿學院，進行為期一週的成人教育。我正在受訓成為一般科的導師，如果順利過關，我們的醫院就能招收住院醫生——那些決定加入一般科的醫生。他們已經在醫院擔任數年的初級醫生，通常和我先前一樣，每六個月輪調一次，八成已經待過小兒科、一般科，或許還待過精神科。接下來，他們將執業一年，在導師的監督下邊工作邊學習。他們將學到一般科與「醫院整合醫學」（hospital medicine）有多麼不同，花大量的時間研究與練習看診技巧。每一週，他們和導師共度一個下午，討論病例，磨練技巧。如同我起步的時候，他們一開始大概會感到像是無頭蒼蠅，被大量湧入的病患給淹沒。其實，民眾都是來看些小毛病，只是住院醫生會擔心忽略了重大疾病的徵兆。他們要過一陣子才會瞭解一般科究竟在做什麼，而我身為導師的作用就在這裡。

監督住院醫生和治療病患一樣，需要大量技巧。首先，你必須對醫生這一行具備深刻的見解，那是我們在導師培訓課程中所學的東西，也是為什麼我們協助住院醫師看診前，自己的看診情形會先被分析。我在受訓的那一週，大部分時間和其他五位也在學習當導師的醫師，以及帶我們的老師克萊夫待在一起。克萊夫當一般科醫師已經數十年，擁有多年訓練導師的經驗。他話不多，但無聲勝有聲。

我們觀看自己過去兩週的錄影畫面。克萊夫要我們錄下平日看診的樣本，帶到訓練課程上分享。大家普遍對這件事提不起勁，不過想當然耳，我們都選了最自豪的看診範例，丟臉的事就不放了。每位受訓醫師都試圖塞進自己看起來很聰明的片段。其他一般科醫師跟我一樣，也猜想這些看診畫面會被分析，然後找出我們具備診斷能力、醫學知識與技能技巧的證明。然而事實上，不是這麼一回事。克萊夫要我們看的，其實是自己**如何**看診。

當時我擔任一般科醫師已經好幾年，看診對我來說還算輕鬆自在，但平時只有我和病患單獨相處，沒有其他人盯著我看診，更別說是一群醫學同仁一同觀看。

輪到我站在聚光燈下，我很緊張，感到名聲即將毀於一旦。我等著克萊夫評論哈利咳嗽的可能原因，但他只是仔細打量我：「我想知道你帶給哈利什麼樣的**感受**……」接著就安靜坐著不說話，等我回答。

培養你的聲音

克萊夫問我自認帶給哈利什麼感受時，他不是在談哈利咳嗽的病因，而是哈利和我一起待在診療室的體驗。從這個角度看，臨床諮詢是專業表演者（這個例子是指我）與觀眾（哈利）的交會。觀眾的表演體驗受表演者的「聲音」影響，每位醫師因此具備獨特的風格。在先前的章節，我們提過要把自己放在一旁，把注意力放在你的病患、顧客或服務對象身上。現在我們要看你如何重新把自己加進去——你要如何培養聲音。

保羅．海德特（Paul Haidet）是爵士樂手兼美國賓州州立醫學院（Penn State College of Medicine）的家庭醫師。他仔細研究過「聲音」這件事。他寫道，專家有能力「放下」自己正式學過的東西，但在回應周遭發生的事情時，依然會運用那些知識。此外，他也看出醫學與音樂有著相似之處。爵士樂手花費數年時間和樂器培養感情，練習音階，學習曲目，掌握理論，培養技巧。然而，海德特指出，真正具有影響力的爵士樂手，「把前輩的理論、技巧與觀念，透過自己的個性、感受與經歷傳達出去。」爵士樂手稱之為「培養聲音」。那就是為什麼如果你熟悉這類型的音樂，聽到前面幾個音，就能瞬間認出是邁爾斯．戴維斯（Miles Davis）、查特．貝克（Chet Baker）、佛瑞迪．哈伯（Freddie Hubbard）等爵士大家的錄音。

國王歌手合唱團（King's Singers）的前假聲男高音傑洛米．傑克曼（Jeremy Jackman），用以下的話向我解釋「聲音」：「在你還很小的時候，媽媽念睡前故事給你聽，你習慣媽媽朗讀的方式。艾瑟阿姨住在你家的時候，她念相同的故事給你聽時，句子一模一樣，聽起來卻不一樣。阿姨的聲音是獨特的——不只是字面意思的『聲音』，阿姨解釋句子與意義的方式也不一樣。音樂也是如此。」

所有的領域都有類似的情況。我太太平日製作帽子，當所有人的作品擺在一起，我一眼就能認出哪一頁是她做的。同樣地，我最喜歡的作家是勒卡雷（John le Carré）。如果你給我看一頁文字，我有辦法認出那是勒卡雷的作品，而不是我也很愛讀的約翰・D・麥克唐納（John D. MacDonald）的犯罪小說。不論你從事什麼工作，你的聲音就是不同於其他同行的聲音。

聲音決定你如何執行前一章談的「重點不是你」。你的表演受眾人數非常少的時候，尤其如此。在醫學界，受眾通常只有一人。即便是幫一個家庭看診，人數很少會超過三、四人。

聲音讓你得以區分A醫生與B醫生。我必須學習辨識自己作為醫師的聲音，學著把那個聲音應用在病人身上。本章將探索，把專家想成受眾極少的近距離表演者時會發生的事。我將帶大家看**如何**表演，以及為何培養自己的聲音是成為專家的步驟之一。

參加一般科導師訓練課程的醫師，都過了談論醫學知識的階段。成為一般科醫師的人，早已在專家之路的初始階段待了好幾年，苦心學習觸摸、感知與觀察的方式。他們有過許多烏龍時刻，學著糾正過來，也曾努力放下所有的知識與技能，完成第七章探討的「重點不是你」的必經轉變。然而，他們尚未想過「聲音」這件事，但是聲音是不可或缺的表現元素，可以捕捉你的獨特性和你的風格。不論是水電工、會計師或任何職業，當我們內化並轉換所學、成就自我，我們全是在培養聲音。

世上沒有完美的西裝

裁縫約書華也有「聲音」。他不想只做死板的生意，喜歡接各式各樣的客人；接受挑戰對他來講是件開心的事。約書華和許多同行不同，他在受訓時會刻意找棘手或不尋常的客人。有時這樣的挑戰是形體方面——客人的身體左右不對稱、脊椎畸形或四肢形狀不同。其他時候，挑戰則與客人的性格有關——有的人咄咄逼人、要求東要求西、吹毛求疵、挑三揀四。約書華接手這種客人時，其他裁縫師都覺得很慶幸，他讓同行的日子變得好過多了。

約書華二度當學徒時，跟著剪裁師傅亞瑟（Arthur）學習。亞瑟從頭教他西裝的設計原則，約書華因此得以配合客人的性格與需求，替每個人量身打造。亞瑟退休後，約書華便離開師傅的裁縫鋪，和妻子一起創業，培養獨立工匠的聲音。他再也不受限於老闆或同事，不必理會所謂的「我們這裡就是這樣做事」。約書華隨心所欲地整合學到的技術，打造屬於自己的特色。

約書華在裁縫師之路的早期階段，就明白任何問題都有許多可能的解法。「世上沒有完美的西裝。」他向我解釋：「你永遠在尋找平衡，在『西裝掛在衣架上的樣子』與『穿在人身上的樣子』之間妥協。衣服永遠是一種詮釋。不論人們是否自覺，你必須辨認並回應他們的直覺反應，要不然人們不會真心喜歡你做出來的東西。」

約書華的滿足感，部分來自他設計的服飾，以及最終的工作成果。不過，約書華最興奮的事，莫過於有機會和客人一起找出他們要的東西，但這可沒有聽上去那麼簡單。

當你能自由培養自己的聲音，責任也隨之而來。你不再是別人工作坊的打雜工，開始培養自己的專家特色，你替自己做的事負起責任。約書華自己開業，有機會成為自己想成為的裁縫時，成敗也要看他。他必須接受自己的決定帶來的結果。在苦熬與磨練的階段，約書華學習觀察與執行，吸收並內化師傅的風格。他那個時期的作品，明顯看得出屬於受雇的裁縫坊，他也擁有在機構裡工作的保障。而今他自立門戶，創造出個人的風格，替每位客戶量身打造全套西服或外套，帶給他們獨特的體驗。約書華培養出屬於自己的聲音。

我開始思考屬於我的一般科醫師的聲音時，已經累積了相當的經驗。距離我進醫學院讀書，整天待在充斥福馬林氣味的悶熱解剖室，在醫院病房抽血，已經是二十多年前的事。我很容易忘掉當年的苦熬與磨練階段有多麼不容易。我學習觀察與觸診，以及其他我在本書中提到的步驟。不過，在醫學以外的領域，我依然處於起步階段。在我開始彈奏大鍵琴時，那些手忙腳亂的回憶又回來了。

音樂與他人

儘管我已經靠著大鍵琴組裝包，拼裝好我的樂器，我幾乎不知道該如何彈奏。一開始我先私下練習，試著掌握訣竅。我小時候學過鋼琴，當初級醫生時也彈過管風琴，但從來沒和別人合奏過。大鍵琴也有許多獨奏曲，但主要是一種和一群人一起表演的樂器。一想到要合奏我就緊張，但是把大鍵琴擺在家裡似乎太過浪費。於是我深吸一口氣，報名了巴洛克室內樂的週末留宿課程，努力把大鍵琴塞進車內便出發前往。

學員大約有三十人，全是業餘人士。有的和我一樣只是初學者，有些人比較有經驗，也有人技巧已經很高超。一共有三位專業導師協助我們入門。我第一堂課的組員演奏的樂器是大提琴、小提琴和直笛。導師遞給我們一疊樂譜就要我們開始，全是我沒聽過的作曲家，有奏鳴曲、組曲、樂曲——那是巴洛克年代的流行音樂。我們沒練習，單純視奏，一首奏完就換下一首。許多曲子一直重複，挺沉悶的，但既來之，則安之。

我的樂器是大鍵琴，所以由我負責持續低音部（continuo），大多時候都是背景音樂，有如爵士樂團裡的節奏部。大提琴負責作曲家寫下的低音聲部，大鍵琴則幫忙和聲。巴洛克時期的持續低音部演奏者通常很習慣合奏，但我從沒和別人合奏過，更別談嘗試視奏不熟悉的曲子。

持續低音部有很大的演奏自由度，不一定要完全照譜彈，只是責任也很重大，因為你要負責配低音樂句的和弦，襯托樂團裡的其他人，不能想著出鋒頭。你依據「數字低音」（figured bass）演奏——作曲家在樂譜上，以數字記號表示他們希望聽見的和聲。那有如一邊試著做填字遊戲，同時大聲朗讀，並且烤好舒芙蕾。我很懷疑自己能辦到，深怕跟丟或是彈錯音。

我學到的第一件事，就是根本沒人在乎我彈了什麼。大家全部專注於自己的部分。除非是我的琴聲很不和諧，荒腔走板，不然人們根本不會注意到我。我就像是壁爐上的時鐘，只有鐘不走了，人們才會多看一眼。我從處於自身注意力的中心，變成背景裡聽不太到的咚咚聲。老師告訴我：「羅傑，就算你彈的每個音都是錯的，彈下去就對了。只要你和大家一起開始、一起結束，中間發生什麼事都不重要。」

在團體裡彈大鍵琴，讓我開始聆聽身邊其他人的演奏——真正去聽。我不再專注於自己的雙手，也不再擔心自己的琴藝（根本沒有），而是去思考要如何貢獻一己之力。一開始，我害怕走調，讓自己丟臉，接著我發現坐在我旁邊的是名優秀的大提琴手，我們兩人演奏相同的低音樂句。如果我感到彈不下去了，我知道她會繼續拉，我漏掉幾小節沒關係，我可以聽她拉什麼，再度跟上。我只需要知道樂曲進行到哪裡，彈出樂譜上的單音低音部，拍子和別人一樣就可以了。過了一段時間，我開始思考如何配上和弦。幫忙加和聲的話，就得擴大注意力的範圍，聆聽整體的合奏情形。

起初我很開心能夠濫竽充數，但之後發生一件令我訝異的事。我發現我其實不是誰都能取代、有沒有都沒差；我還是有基本的貢獻。我領悟到我**如何**演奏，和我演奏的**內容**一樣重要。我培養出某種風格，可以認出那是我在演奏。事情不只是我有沒有彈對音符，我如何成為整體的一分子也很重要。我瞭解到何謂少即是多，而我在幕後的付出，不加上不必要的華麗裝飾音、也不炫技，受到人們的重視。此外，我以特有的方式做到這一點。這是屬於我的聲音。

連續好幾年，我持續參加這個工作坊。有一年，一共有三個人彈大鍵琴。我們分配誰和誰一組時，先前上課認識的大提琴手告訴我，她想和我一組。「因為你會用耳朵聽。」她說。我感到十分自豪。我摸索出一套持續低音的演奏法，開始創造出自己專屬的風格。當然，我不是專家，根本稱不上。彈大鍵琴只是我的業餘嗜好，不是職業，但我經歷的轉變帶來極大的滿足感，花那麼多時間練習是值得的。我有辦法演奏出自己的一套，和眾人一同創造出我永遠愛聽的音樂。我的大鍵琴演奏者身分更上一層樓。

培養聲音有多重要

聲音的關鍵不只在於你的說話內容、你傳達的方式，而是所有這些感官，包括你如何吸引人們、如何與他們交心、如何接觸他們，以及他們接觸你時，你本身如何回應。聲音左右了你是如何和同一個空間的人相處，傳達方式也包括實體工作環境的安排方式。我和我的一般科醫師合夥人，花了很多心力思考該如何設計診療室。我們希望病患感到舒適，安心地開口說話，但這個空間也要能進行臨床檢查。每位一般科醫師都做出不同的讓步，他們的選擇則反映出獨特的個性。

在一般科的導師訓練課程上，我、克萊夫與其他一起受訓的醫師，盯著我的診療室的靜止畫面，思考那如何反映我的作法。接下來，我們重新播放我替咳嗽的哈利看診的影片，看了三十秒。畫面上，我用聽診器聽哈利的胸腔。克萊夫突然再度按下暫停，問：「為什麼你會那樣做？」

我當場愣住，答案不是很明顯嗎？使用聽診器是基本的診療步驟，醫生都是這樣看診的。醫學院歲月教我的「視診、觸診、叩診、聽診」口訣，深深烙印在我的腦海裡，我從沒想過要質疑。然而，克萊夫想知道我拿起聽診器時，心裡在想什麼——我接下來打算做什麼。

另一名一起受訓的一般科醫師說：「我都用聽診器爭取時間，想著接下來要怎麼開口。」另一名醫師也告訴大家：「我用聽診器是為了讓患者安心，這個醫生知道自己在做什麼，他擁有醫學知識與診斷能力，所以我在告知診斷結果時，患者會信任我。」我不曾用這個角度想過聽診器，但聽起來很有道理。有時聽診器只是聽診器，但是通常不只是那樣。聽診器象徵著我們醫師這個行業，民眾期待我們使用聽診器。

克萊夫指出，我們都可能以不同的方式進行這次看診，儘管方法不同，大概同樣有效。醫學院告訴我，每位患者都會有一個診斷結果，我們的任務就是把它找出來。不過，克萊夫認為沒那麼簡單，他要我觀察自己的行醫風格、手法與聲音。

培養聲音是熟手階段的環節之一。你從有辦法執行專家做的某些事，漸漸成為專家。你摸索以自己的方式回應周遭的人，處理出乎意料的狀況。不過，此時你必須同時保持謙遜和自信，這樣的平衡很難抓。

培養聲音時，你不是在拋棄所學，而是重塑。如同我剛才提到參加樂團的例子，這種事不必等上好幾年。前文探索的步驟，不必按照嚴格的直線順序進行，通常會有重疊的時候。舉例來說，如同約書華二度成為學徒，如果你已經是某個領域的專家，你進入另一個領域時可以舉一反三。不過，你自始至終都是朝著獨立邁進，自在地以自己的方式做事。你是在打造個人品牌。

培養聲音時，你會發現技術能力是必要條件，但那還不夠。重點在於你如何運用那項技術。你必須知道很多東西，有辦法做很多事，但是當下只拿出必要的本領，絕對不能有炫技的心理。幾世紀前的演奏家早已明白這個道理。這裡再次以巴洛克音樂為例，C・P・E・巴哈（大家認識的巴哈〔Johann Sebastian Bach〕的多名兒子之一）在一七五三年出版《論真正的鍵盤樂器演奏藝術》（*An Essay on the True Art of Playing Keyboard Instruments*）談到技巧與詮釋時指出：「鍵盤樂器演奏者掌握的重要能力，若只有技巧，顯然處於劣勢……他們讓我們的耳朵感到訝異，卻沒獲得滿足感；他們震動我們的心靈，但缺乏感動……光是技巧純熟，成就無法趕上那些輕輕觸動耳朵而非刺激眼睛的音樂家；進一階則是用心去感動，而不是用耳朵，最後達到悠然神往的境界。」專家具備的能力至少是觸動耳朵。

兩百多年後，在一九六六年，傳奇爵士鋼琴家比爾．艾文斯（Bill Evans）錄下自己與哥哥哈利（Harry）的對話，兩人談論比爾的演奏策略。比爾在十年前想出這個理論：一九五四年，他在車庫裡閉關一年多，精進自己的技巧。儘管比爾已是專業演奏家，他毫不猶豫地回到基本面。他在談話中提到：

學習演奏爵士的整套流程，就是逐一把問題從外在的層級挪到內在，停留在一個非常專注、高度清醒、集中精神的層次，直到那個過程化為不必多想的潛意識……多數人就是無法理解這個問題有多重要，原因可能是他們無法立即克服問題，自認尚不具備這個能力，或是缺乏攻克問題的耐心，不肯腳踏實地去做……他們覺得整個問題處理得差不多就好，而不會拆解出一部分，實實在在地處理。以模糊的方式處理，將使你感到或多或少碰觸到了問題，但最終會讓自己走向迷霧，永遠找不到出路……若是以得過且過的心態處理進階問題，不明白自己在做什麼，你無法更上一層樓。

比爾這段話提到一個重點。我們在培養個人特色時，會觀察與模仿欣賞的專家，但在我們走過他們走過的路之前，試圖模仿他們帥氣的地方不具意義。培養自己的聲音，始於奮發向上的初始階段，你無法縮短整個流程。你可以模仿專家，但你還做不到專家真正在做的事。如同待在車庫的比爾．艾文斯，你得自己闖出一條路。

我還是菜鳥醫生時，資深主任醫生會在查房時靜靜聆聽，接著提出新的診斷。主任醫生能做到這一點，靠的是多年的經驗。有的一般科醫生似乎就是「知道」該問哪些問題，因為他們當年也走過類似的歷程。我在當住院醫生時，可以盡量模仿前輩的一舉一動，但我的看法背後缺乏依據。你的聲音必須反映身為專家的內在狀態。要不然，應用範圍僅限於你已經遇到的情境。一旦出狀況，你將黔驢技窮。要當專家，你的聲音必須永遠讓人認得出那是你的，即便你處於從來沒碰過的狀況。

那樣的能力始於本書第一章到第五章提到的步驟。你必須經年累月學習本行或本業的技能，努力掌握，直到成為第二天性，有信心自己能維持一定的標準，也已經精通核心技能。不管有多累、身體多不舒服，或是缺乏天時地利人和、碰上不好掌握的素材，你自知在任何情況下都能有好的表現。

聲音與身分認同與自信密切相關，也就是你是誰、你認為自己是什麼樣的人。我取得醫師執照很長一段時之後，才感到自己真的「成為」醫師。那一天來臨前，我懂很多醫生會知道的事，我能做很多醫生會做的事，但我尚未成為醫生，後來才逐漸適應新的身分——至少過了好一陣子。

接下來，我開始接受外科訓練，同樣的事情再度發生。有好幾年時間，即便我已經在困難的大型手術裡主刀，我依舊告訴別人：「我正在接受外科醫師的訓練。」我尚未融入外科醫生這個**身分**。後來那種情況終於改變，日子已經過去十年，我升上了主任醫生。如果有人問起我的職業，我會回答：「我是外科醫生。」我日後轉到一般科與改當學者時，同樣的過程又重來一遍。聲音的塑造沒有表面上那麼簡單。

聲音必須真誠才會有效。你在運用自己原有的那一面，而不是無中生有。你適應與回應你遇到的每一個情境、你碰上的人。舉例來說，如同我的大鍵琴演奏風格，我想當的那種醫生，懂得聆聽與回應每位病患的節拍。首先我融入，接著才開始引導對話，加快或慢下事情進行的速度。我擔任問診的指揮，但又讓患者自由表達他們想要什麼。我試著隨時記得控場，平衡「看診中的病患」與「還在外頭等候的病患」的需求。

聲音的暗中誘惑

在專家之路的這個階段，你學著兼顧發揮創意時兩方的拉扯：一邊是基礎知識，一邊是當下的表演。專家的早期階段重點著重知識、技巧與加入實務社群。單飛後，你替自身的行為負起更多責任，此時你的風格與性格變得更加突出。前文提過，這是你的聲音開始出現的時刻。然而，如果你的聲音變得太具個人風格，會有風險，代表你活在自己的世界裡。

一名正在經歷更年期的患者告訴我，她先前找了一位女醫師看診。那位醫生告訴她：「妳就想，妳的身體以前是青梅，現在變梅乾了。」我懂那位醫生的意思，但她的用詞會讓許多人不舒服，幸好這位患者只是感到好笑。不論如何，聲音是一把雙面刃。由於你把自身的性格當成工具，你必須善解人意，留心並觀察自己帶給他人的感受。別忘了，你的說話方式引發的效果，可能不是你的本意。

我在曼徹斯特念醫學院時，跟過一位不孕症診所的婦產科主任醫生。主任每次看診都會先解釋基本的醫學事實。「人類生小孩是靠蛋，跟雞一樣，人類的蛋叫卵子。」他解釋道：「只不過人類的卵子比雞的蛋小很多，而且卵子留在體內。聽懂了嗎？」有一次，患者照常仔細聽主任講解，沒有打斷。不曉得為什麼，主任突然停下來，問這次來看診的女性有沒有工作。「有，我是老師，在這裡的大學教書。」患者回答。「妳是教什麼的？」主任問。「人類生殖生物學。」對方回答。主任居然曉得要尷尬兩秒鐘，但很不幸，他接著就繼續好為人師，講出以前講過一千遍的話。

不論是婦產科或平面設計，都不該有「標準」作法。業務知道不能每次推銷都講一樣的台詞。背台詞很快就顯得很油，而且他們自己和推銷對象其實都沒在聽那些話術。你的聲音不光是你說話的**內容**，甚至不只是你說話的方式。聲音是你邀請對方加入的工具——不論對面那個人是患者、客戶、同事或顧客都一樣。你經由聲音與人交心。

專家處理聲音的手法是一流的——很多事情表面上都看不出來。我見過最厲害的一般科醫師似乎不費吹灰之力，就能確切找出患者的問題。他們沒展示醫學知識，只是靜靜聆聽——或許插上一、兩句話。他們不疾不徐，不堅持以特定的順序問問題。他們不賣弄，看上去輕鬆就能對症下藥，但事後問起，他們的表達方式瞬間變了一個人，侃侃而談自己是如何斟酌幾個不同的診斷，評估是重大疾病的可能性。他們會提及近日讀到的論文，或是考慮把患者轉診到專科醫師A或B那裡。他們想好備用計畫，撤下安全網，知道萬一弄錯可以怎麼做。然而，你看不太出來他們通盤考量過這些事。他們的病患感到看診本來就是那樣：一場有幫助的對話。

約書華也是這樣接待客人。他有著低調的自信與能力，能提出合理的建議，協助每位顧客挑選眼前眾多的選項。然而，深究後你會發現，約書華博學多聞。他不僅是設計與剪裁西裝的專家，還懂流行款式，對時尚史與材料史如數家珍。人們不一定會留意到約書華知識淵博，因為他只在必要時刻才會提及相關知識。

然而，聲音也有黑暗的一面。聲音的力量過於強大，有時足以遮掩懈怠或無知，導致墮落或濫用。此時，譁眾取寵掩飾住無知，帶來缺乏依據的自信。如果華麗的表演過分掩蓋了知識與技能上的不足，聲音會變形成所謂的個人魅力，一時半刻能唬住人。然而，事實性知識會被推翻，技能會過時。我見過有的資深臨床醫師的醫學知識與時代脫節，但手法愈來愈爐火純青。這種個人層級的能力，不會顯露他們沒跟上外頭正在進步的世界。大多數時候，這種情形不會造成太大傷害，但「表面上的專家」（醫生）與「表面上的非專家」（患者）之間的權力不對等，通常讓這樣的資深醫師不會受到挑戰。然而，他們因為缺乏最新知識，有時會導致不好的後果，未能做出重要的診斷。

總而言之，這種事很難拿捏。太往一頭偏，你會機械式地依據教科書資訊，提供公式化的解答，執行無法對症下藥的解決方式。太往另一頭偏，又再度過分以自我為中心，放縱自己把注意力擺在個人的性格與表演上。專家遊走在這兩種同時出現的危險之間——一端是壓抑自己的聲音，另一端是過分依賴自己的聲音。專家走中庸之道，避免太突顯自己的個性，也不過分貶抑知識與技能。

不是第一，也不是最後

年齡與經驗的好處，在於智慧讓專家得以質疑最新的趨勢與潮流，不會一味跟風，懂得運用常識做決定。這一點讓我想起英國詩人亞歷山大．波普（Alexander Pope）在《批評論》（*Essay on Criticism*）中寫下的格言。我念醫學院時經常聽到那段話：

用語與時尚的原則是一樣的；
標新立異或守舊同樣荒唐：
別搶先第一個嘗試新事物，
也別食古不化。

然而，我們很難判斷什麼時候是持平、公允地質疑，什麼時候又是懶得學習新方法，沒跟上新技術。人們常說，我們的世界偏好資訊勝過知識，重知識輕智慧。保持冷靜、採取長期的觀點、在接受新技術之前謹慎思考的能力，愈來愈罕見，愈來愈有價值。在今日，以不偏不倚的方式引導該相信什麼，比史上任何時刻都來得重要。我們因此需要專家的智慧——不論是醫界，還是其他領域。

我們信任的是人，而不是來歷不明的真相傳播者。我們依據聲音來決定要不要信任這個人——看他們的風格、個性、能否瞭解我們的個人感受而定。每一位醫生、每一位髮型設計師、每一位裁縫，都是與眾不同的。

專家有責任不辜負我們的信任，不該仗著我們的信任，展現怠惰、惡意或自私的一面。這種事都有可能發生。近景魔術師有可能變成騙子和老千；知名藝術家有可能因為洛陽紙貴，交出品質不佳的作品；外科醫生有可能動不必要的手術，增加收入。前文提過忍不住「手癢」的外科醫師，這樣的人忘掉行醫的真正目的，未能盡到關懷的責任。這是「從你轉換到他們」的陰暗面——焦點再度從他人回到自己身上。這就是濫用了聲音的力量。

回到咳嗽的哈利。我結束一般科導師的訓練課程，過了幾週，哈利再度來看病；不久之後又來找我。那段期間，我一直在想他的病情。哈利顯然因為某件事而困擾，但我找不出是什麼。我試著想出他反覆就診的真正原因。下次他來的時候，我試了另一個方法。哈利先前提過妻子艾賽兒，但沒有透露太多。我感到或許另有隱情。「你知道嗎，上次我們聊的時候，你告訴我艾賽兒的事……？」我起了個頭。

我停下來靜靜等待。幾秒鐘後，哈利開始滔滔不絕。原來他最擔心的事不是自己在咳嗽，而是臥床在家的妻子艾賽兒。哈利害怕萬一自己怎麼了，太太要怎麼辦，沒人能照顧她。所以從某方面來講，哈利的確想知道自己得了什麼病，但又想當鴕鳥。從那時起，我們兩個人得以展開不同的對話，想出可能的解決之道。哈利最後同意照X光並接受其他檢測。結果出爐，哈利確實有肺氣腫的毛病，但幸好不是癌症。我們看診時，多數時間還是在談艾賽兒，我認為我們的對話除了在治療哈利的咳嗽，也在協助他解決人生的問題。

在我學習巴洛克音樂的那些週末，我發現我不必是音樂大師，也能傳達我身為大鍵琴演奏者的聲音。我不會有成為大師的那一天。在這樣的情況下，更重要的是融入他人，有所貢獻，不求成為眾人的目光焦點。此外，套用爵士大師艾文斯的話——我必須瞭解問題很大，一次踏出一步，享受得一步一步來的學習過程。

如果你已經抵達專家之路的這個階段，你來到一個分水嶺。對許多人來說，就如同我和大鍵琴，走到這裡已經足夠。我很滿意我的演奏水準。如果你想更上一層樓，可以踏出下一步。只是從此刻開始，努力成為真正的專家，有可能是生命中最大的冒險。

9 學習臨場發揮

時間回到一九八〇年代的南非，我再次在手術室碰上緊急狀況。這一次，患者是年輕人森巴，他的脖子靠近下頜轉角處被刺中一刀，有一個小傷口。被麻醉的森巴躺在手術台上，我準備好動手術。那天是個忙碌的週六，湧進了大量患者，好幾間開刀房同時在手術中。其他外科醫師也準備替自己的病患動手術。我已經在巴拉瓦納斯待了兩年多，有辦法自己動這樣的手術。然而，如同喬納斯的手術（請見第六章），頸部是危機四伏的地雷區。

手術團隊替森巴做好清潔，蓋上布，我沿著他的胸鎖乳突肌（sternomastoid）劃開，那是一條從耳後延伸到胸骨的肌肉。我既亢奮又緊張。即便一切順利，頸部刀傷也是一大挑戰。你永遠不知道會遇到什麼狀況——傷口大小與受傷範圍有可能極度不成比例。

我在心中走一遍即將看到的帶狀肌群、神經與血管。

手術才剛開始，我就知道麻煩大了。我從書上與解剖室學到的構造，似乎完全不見蹤影，沒有迷你帶狀肌，沒有動脈，更沒有神經。頸部那些我花了很長時間背下的迷你構造失去蹤影，血肉模糊，我碰的所有地方都在滲血。刀子一定是刺穿了大動脈，血液不停湧進頸部組織，蓋掉熟悉的地標。

萬一我處理不了，找不到傷口，怎麼辦？萬一其他關鍵組織已經被切斷，怎麼辦？如果我在手術過程中傷到重要部位？如果森巴在手術台上流血至死？我以前從來沒碰過這種情形，只能隨機應變，但要怎麼做？

即興的藝術

你此時抵達專家之路下一個重要的關卡。你已經走過磨練期，學會運用感官，擁有合理運作的各就各位。你是身經百戰的專業人士，你是熟手，明白「重點不是你」，也已經開發出屬於自己的風格或聲音。

本章將探索如何培養更高階的能力，在快速變動的情境中回應複雜的要求——簡單來講，你需要**即興**。你隨機應變，想辦法脫困，但即興能力不僅只如此。專家會臨場發揮——這是他們之所以成為專家的原因。各種領域都一樣，不管是哪一行、哪一業，專家都必須即興反應。

森巴的手術過去多年後，我去參加倫敦爵士音樂節（London Jazz Festival）。現場的表演出了差錯。我聽的那場節目是三重奏：鋼琴、低音大提琴加次中音薩克斯風——曲目是三人之中的鋼琴師寫下的新作品。譜架上放著手寫的樂譜。鋼琴師臉沒有朝向觀眾，低音大提琴手在舞台後方，薩克斯風演奏者則在前面。第一首曲子演奏到一半時，我發現節奏突然頓了一下，感覺很突然，但幾乎瞬間又恢復正常。要不是低音大提琴手在曲子結束後，站出來解釋剛才發生什麼事，我已經把那個瞬間拋到腦後。

低音大提琴手告訴我們，他已經和鋼琴師合作很長一段時間，但兩人不曾和當天的薩克斯風手合奏過，而且沒有機會排練。演奏到一半，他注意到手寫的譜子上，他比別人多出幾小節，因此和其他人不同調。他知道一定是抄譜時出了錯，必須迅速回應，於是望著前方薩克斯風手的譜架，把看到的樂句改成低音部，繼續演奏。數十年的經驗讓他得以不慌不忙，急中生智。

雖然風險差很多，低音大提琴手講的那段話，讓我想起在索韋托、我替頸部被刺的森巴開刀的那個驚魂夜。爵士樂團有如手術團隊，碰上出乎意料的狀況時，以團隊的方式回應。我後來想到不只是外科手術或音樂演奏，即興其實是專家的特徵，任何領域都適用。我開始好奇其他專家的洞見，能否解釋處理突發狀況時的亢奮與恐懼。

談爵士的話題時，如果提到「即興」一詞，人們通常會想到音樂本身，想像小號手走到台前挑一段主旋律，依據當下從天而降的靈感，開始變奏。人們把即興想成自然而然冒出來的東西，毫不費力，幾乎不需要準備，但大部分時候那絕非事實。表面上看起來是那樣，但背後有太多看不見的東西。

即興靠的是長年練功，日積月累，串起本書前面章節探討的所有步驟。從苦熬與磨練階段起步，運用感官，在體制內工作。即興除了需要練習、學習聆聽、出錯後改正，還必須完成「從你到他們」的轉換。對音樂人士來講，這裡的「他們」，指的是一起演奏的其他樂手，以及台下的觀眾。在此同時，他們培養聲音，找到讓他們日後成為專家的獨特風格。然而，即興的意思不是偶爾偏離應有的做事方法，**反而是**指有辦法以應有的方式做事。臨場的精彩表演是專家之路的亮點。

光是我觀賞的那場爵士樂團表演，表演過程中已經有大量的即興。即興是爵士音樂天生具備的元素——不是所有的曲子都有樂譜；音樂家必須臨場發揮。無數小時的苦練與理論在此時派上用場。如果要能知道一段旋律中，可以用哪些音搭配基本的和聲，並且串連在一起，表達出情感，化為動人的樂聲，前提是演奏出每個音符已經成為第二天性。我會說，演奏爵士音樂的能力來自專業的技術，但我那天目睹的現象更令人印象深刻。低音大提琴手顯然超出人們對即興的預期，能夠以合奏者能理解、但多數聽眾不會察覺的方式，當下想出解決辦法。我會說那就是展露專家的功力。

有的即興令人屏息。一九七五年一月二十四日，美國爵士音樂家凱斯．傑瑞特（Keith Jarrett）在科隆歌劇院（Cologne Opera House）舉辦演奏會。那場豎立里程碑的音樂會，今日被奉為即興的傑作，載入史冊。然而，科隆音樂會（Köln Concert，今日的通稱）原本差點流產。當時傑瑞特正在跑一連串的魔鬼行程，在歐洲連續舉辦十一場獨奏會。表演內容被稱為「長版的即興」，而不是依據現有的曲子變花樣；傑瑞特的目標是從零創造出他演奏的每一個音。前一個晚上，他才剛在瑞士開完一場這樣的音樂會，原本預定一月二十四日可以休息一晚，但科隆突然有個舉辦午夜音樂會的機會，傑瑞特接受了。

傑瑞特自然十分重視要用哪台琴登台表演。他替那場科隆音樂會指定了標準尺寸的音樂會大鋼琴。然而，他抵達科隆歌劇院時，卻發現主辦方只替他準備一台走音的小型鋼琴，幾乎無法彈奏。傑瑞特氣壞了，差點取消演出，但演奏會已經售出一千四百多張門票，傑瑞特被迫硬著頭皮上台。傑瑞特當時的狀態不佳。演奏行程太密集，一路上舟車勞頓，原本就疲憊不堪，背痛到要穿著護具，眼前還是一台令人氣急敗壞的琴，似乎每件事都在和傑瑞特作對。

最後，歌劇院廣播由四個音符組成的開場提示音，催促觀眾入座。傑瑞特走上台，在鋼琴前坐下，彈出頭幾個音，聽起來太耳熟了。傑瑞特竟然把剛才的廣播提示當成即興的起點，就此展開表演。各位要是豎起耳朵，仔細聆聽當年的錄音，將聽見現場聽眾的笑聲。

接下來一個多小時，傑瑞特把豐富的音樂意念編織成扣人心弦的一張網，擄獲觀眾的心——還得一邊和那台音響欠佳的次等鋼琴搏鬥。傑瑞特被迫捨棄平日慣用的技巧，配合那台琴的特點，使用比平常重很多的手指力量，使勁地彈奏琴鍵，好讓坐最遠的觀眾也能聽見琴音。傑瑞特在技術上超越了自己，音樂造詣就此更上一層樓。他化一切的腐朽為神奇。那場科隆音樂會的錄音成為爵士史上最賣座的專輯，銷量超過三百萬張。

傑瑞特令人震撼的表演捕捉到專家的本質。傑瑞特擁有數十年的表演經驗，他不斷鑽研，不斷精進，擅長音樂方面的即興。在科隆那場音樂會上，即便碰上種種壓力，健康出狀況，身心疲憊，鋼琴等級不佳，氣憤自己的請求不被當一回事，反而讓傑瑞特拿出更驚人的本領，回應特殊狀況。傑瑞特沒有鑽牛角尖，反而放大注意力的關注範圍，甚至留意到由四個音符組成的開演提示音，把它們加進表演內容。在我心中那是最高層次的即興——真正的大師典範。

即興與表演

即興與表演密不可分，然而「表演」一詞令許多人坐立難安，聽起來就像是你端出假的東西，裝模作樣——甚至是在騙人。我極度不同意這種看法，畢竟沒人會批評鋼琴家表演貝多芬的協奏曲，那可是音樂家投入無數個年頭學習與練習，才能做到的事。

表演不只發生在舞台上。英文的「表演」（perform）這個動詞，除了可以用在「表演協奏曲」、「表演戲劇」，也可以用來講「動手術」（performing operations）、「執行流程」（performing procedures）、「做實驗」（performing experiments）。對音樂家、演員、舞者來講，表演就是表演，但在醫學界與科學界，表演也同樣重要，而即興又是任何表演不可或缺的元素。

即興與你如何應用所學有關，包括在當下想出解決辦法，回應周遭發生的事。然而，如同表演的概念，即興的概念也通常令人心中不踏實，聽起來似乎很不專業，臨時硬湊，有如用木板和磚塊暫時疊成的書架，或是下雨時順手拿來擋雨的東西。我則認為即興是千金不換的能力。雨中的遮蔽物或許是匆忙搭成，但可以讓你不被淋濕。

即興其實是醫療的常態。臨床醫生永遠**沒有**不必即興的時刻。你永遠在將原本就具備的知識應用在新的情境——由於你工作的對象是人，每次面對的情境都不一樣，沒有「標準」的肺炎病例，也沒有「常規」的被刺的脖子。每一次你都是在治療獨特的個體。即便你在不同時刻替同一個人治療同一種疾病，每次的情形也不一樣。你無法踏進同一條河兩次。你自己和河流都改變了。

你個人的即興方式是成為專家的關鍵。那是你的聲音、你的風格、你與他人互動的方式。有朝一日，外界將能據此認出「你就是那位專家啊」。

靠即興救場

媒體不時出現九死一生的報導。二〇〇九年一月，機長切斯利・薩倫伯格（Chesley

Sullenberger）負責駕駛全美航空一五四九號班機。那台空中巴士A320客機，自紐約的拉瓜迪亞機場（LaGuardia Airport）起飛，沒多久就遇上一群加拿大雁的鳥擊，引擎雙雙失靈，薩倫伯格因此做了飛行史上最有名的迫降。他知道不可能抵達任何最近的機場，決定「棄機」，降落在哈德遜河上，機上所有人都奇蹟生還。

薩倫伯格機長事後談起他如何處理那次事件。他決定棄機後，就排除干擾，關掉無線電。接下來，他把所有注意力放在降落水面。薩倫伯格和所有的機師一樣，職業生涯中持續受訓，準備好處理發生率低、但一發生就十分慘烈的事件。此外，薩倫伯格在苦熬與磨練期有過其他相關經驗，包括駕駛水上飛機降落。他回顧這次壯舉時表示：「你可以說，過去四十二年來，我一直在經驗、教育與訓練的銀行裡，定期放入小額儲蓄。一月十五日那天，因為餘額夠多，所以我可以一次大量提領。」薩倫伯格非常謙虛，不過我想這是完美的解釋。

薩倫伯格擁有四十二年的飛行經驗，持續累積能夠在瞬間提領的知識，碰上鳥擊時，發揮多年的實戰經驗，運用感官與他人合作。他具備框架問題與決定最佳選項的經驗，又能創造出讓自己不分心的情境，目標是讓大型客機降落在河面上。薩倫伯格盡量屏除外在的注意力干擾，把所有心思都集中在任務上，帶來最高的成功率。

不只是航空領域有如此精彩的臨危不亂案例。一九九七年，葡萄牙鋼琴家瑪利亞・若昂・皮雷斯（Maria João Pires）在阿姆斯特丹音樂廳（Concertgebouw in Amsterdam）的午餐音樂會，準備演奏莫札特的鋼琴協奏曲，指揮是里卡多・夏伊（Riccardo Chailly）。管弦樂團演奏出協奏曲頭幾個小節時，皮雷斯發現那不是自己準備的曲目。

在那場特殊事件的紀錄片中，我們看到皮雷斯臉色瞬間發白。指揮台上的夏伊看著她，她連忙告訴夏伊：「我的曲目上寫的是另一首協奏曲。」夏伊先是安慰她：「妳上一季表演過這首曲子。」接著微笑鼓勵她：「我相信妳做得到——妳會彈得很棒。」指揮說對了。皮雷斯集中精神，在管弦樂團演奏完導奏後，接下去完美彈完莫札特的D小調傑作。

如同本章開頭提到的低音大提琴手，皮雷斯替那次可怕的挑戰，臨場想出辦法。她已經內化了D小調協奏曲，而且以前彈過很多遍。然而，有辦法在不到一分鐘的時間內，臨時召喚出那段知識並演奏出來（地點是公開場合，在表演已經開始的時刻）實在是令人歎為觀止。唯有專家才辦得到。

成為專家的意思，不只是變得擅長核心的工作，而是能夠隨機應變，並且對自己做的選擇有自信。皮雷斯之所以能夠回應，指揮夏伊的支持也扮演了關鍵的角色。皮雷斯和薩倫伯格機長一樣，快速動腦，靠著經驗與下了一輩子的工夫與準備，才有辦法挽回災難現場。皮雷斯努力壓下恐慌，仰賴培養了數十年的鋼琴技巧。

救場的例子很少會像薩倫伯格機長或鋼琴家皮雷斯那樣戲劇化，但通常具有類似的特徵。第六章提過，髮型師法布里斯不小心把客人的頭髮剪得過短時，他必須解讀顧客當下的心情，判斷該如何處理此等窘境。日後法布里斯成了前輩，其他髮型師出錯時，他也必須出面幫忙擦屁股。這種事會交給他，原因除了彌補錯誤也是法布里斯的專業技術，更重要的是他有辦法圓場，安撫不滿的客人，最後皆大歡喜。

在各式各樣的例子裡，技術都是不可或缺的，但光有技術還不夠。關鍵在於專家如何處理自身的反應，以及他們與他人的關係。薩倫伯格除了應用飛行技術，讓一架龐大客機迫降河面，他當下還必須壓下心中的焦慮，以身作則，帶給團隊信心。鋼琴家皮雷斯必須和指揮夏伊帶領的管弦樂團合作，替觀眾創造出難忘的體驗。法布里斯必須從客人的角度出發，安撫疑慮，而不是忙著為自己解釋。他們都努力在無從預測的情境中製造最理想的結果。

「沒錯，還有就是……」

目前為止，我談的是較為廣義的「即興」定義——有能力回應周遭的世界，遇到問題想辦法解決，不過「即興」一詞在劇院有著更特定的意思。

一九七九年，劇場總監凱斯．強史東（Keith Johnstone）出版《即興》（*Impro*）一書，談自己如何與劇組合作。強史東認為即興是一種可以鑽研與練習的能力，背後有一項最高指導原則：所有相關人士都必須「有意願」——願意聆聽，願意回應，願意以發揮創意的方式合作，不能抱持不具建設性的態度。兩名演員即興演出短劇時，強史東堅持每一次回應的開頭要是：「沒錯，**還有就是……**」（Yes, *and*...），從對方說的話起頭，開啟新的可能性。「沒錯，還有就是……」是與「沒錯，可是……」（Yes, *but*...）相反的回應，後者阻擋了下一步的出現，扼殺了可能性。強史東請參與者沉著以對，準備好竭盡心力、完成共同的表演。

這種應對方式做起來比聽上去難多了，因為我們太習慣內心住著一個批評者，判斷什麼事可行，什麼事不可行，我們很難甩開那樣的聲音。然而，願意接受並回應另一人提出的想法，也是專家之路的核心。不論你是演員還是醫師，這是在尊重他人的觀點，從另一種方向做到「重點不是你，而是他們」。

來到專家之路的這個位置，你一直遵守自己選擇的工作架構。你的參照點是前人的成果。你模仿他人，以他們的方法做事，持續待在體系裡。然而，現在你開始質疑這個制度，重新定義邊界。你發揮個人的特質，做你認為最該做的事。你不再被迫遵守他人的做事方法。盡全力做到最好的責任，如今在你身上。

就如同我在開刀房處理森巴的頸部刀傷，你有時被迫以與眾不同的方式思考。我不渴望跳脫自己學習的體系，但是在那一刻，那套體系行不通。我必須做點什麼，而我從前學的東西幫不上忙。當你所知的東西救不了你，就必須自己拿主意，不然大事不妙。

在表演藝術的領域，即興並非爵士或劇場的專利，沒這回事。數個世紀以來，即興在古典音樂高度其實備受讚揚。套用C．P．E．巴哈的話來講，有能力輕輕觸動耳朵，是在回應當下的那一刻，用你的表演去配合。今日這個概念再度喚起世人的注意。倫敦市政廳音樂戲劇學院（Guildhall School of Music and Drama）的古典即興教授大衛．朵蘭（David Dolan）向我解釋：「一直到一百多年前，人們期待所有的音樂家都要在表演中加入即興的元素。音樂家每次演奏重複的段落，聽起來都不一樣。今日人們評斷音樂家的方式，卻是他們緊跟樂譜的程度：評判的標準變成他們以多『精確』的方式，表現樂譜上的音符、節拍與力度，音樂家的即興能力因此被削弱。」朵蘭認為，真正的藝術其實是完全內化演奏曲目的結構，以此為出發點。你回到那個點，用已知的一切創造出新的詮釋。這個觀點令我想起爵士鋼琴家艾文斯獨自待在自家車庫，一個月又一個月奮力分析自己的技巧。

照本宣科、「正確」演奏音符，完全不同於以你想讓人們聽見的方式演奏。音樂家做的事，不是獨自一人苦練到完美，接著把練習過的東西搬上舞台，而是走進一場對話。唯有超越樂譜上寫的東西，把個人特色加進演奏中，一首曲子才會有生命。

任何表演都是一樣。你必須理解基本架構，抓到作品的基本精神，才有辦法端出精彩的表演。你表演時，是在把那個架構連結到你本人與觀眾的情感世界。以魔術師為例，他們必須處理自己偶爾失手，或是觀眾忘記先前挑了哪張牌的狀況。表演永遠會發生無法預料的事，永遠需要急中生智。

當然，即興有兩種：一種是靠臨時的彈性在表演中賦予樂譜生命，另一種即興則獨立於原本就存在的曲子。這兩種形式，你都需要留心，仔細聆聽周遭發生的事，永遠以強史東的方式來回應，亦即「沒錯，還有就是……」。

道理就跟演奏爵士樂一樣，當醫師也需要即興，如果你是一般科醫生，更是如此。

每次看診經驗都不一樣，你不曉得會碰上什麼事，只是一切都發生在你花了好多年學習的正規醫療知識與技術範圍內——這樣的正規體系提供一張安全網，你得以自由探索意想不到的方向。當你還是初出茅廬的臨床醫師，你可能不願意展開對話，以免對話偏向你還沒有能力處理的領域，或是超出教科書上的知識。然而接下來，你培養出詢問不同問題的自信，跨出一小步，冒著害自己尷尬的風險。如果你刻意將看診限制在嚴格的範圍內，病患會感覺像犯人一樣四肢被抓著抬走。你所回應的可能是你想回答的問題，因為你曉得如何治療，卻不是患者真正得的病。相反地，你必須仔細聆聽，用「沒錯，還有就是……」來延伸對話的每一個部分。換句話說，你要冒險。

你在苦熬與磨練期累積技巧，熟悉你那一行的材料，學習脆弱材料的本質，辨識迫近的極限——以上缺一不可，少一項就無法即興發揮，但外界不需要知道這一切。愈是專業的專家，你愈少看到斧鑿的痕跡。如同爵士偶像艾文斯所言，以及我們在前一章談過的，學習者若是試圖模仿專家做的事，卻沒先經過多年的努力，將畫虎不成反類犬。以醫學為例，你可能把專家順暢的即興發揮當成隨口閒聊，認為自己也辦得到，但很快就發現誤會大了。

有風險的作品

裁縫師約書華是專業的即興者，就算是突發狀況也難不倒他。約書華自行創業後沒多久，便接了一名不曉得自己要什麼的客人。於是，約書華告訴這位客人：「你就交給我設計，讓我替你做一件西裝外套，我無法告訴你那件外套會是什麼樣子，甚至不曉得要多久才能做好。不過我可以告訴你，那會是你最棒的一件西裝外套。」

許多人聽到這樣的話會有所猶豫，但這位客人願意冒險一試。約書華說到做到，最後做出來的外套確實一流，顧客非常喜歡。這兩個人講好的默契，是雙方在西裝外套的製作過程中都願意忍受不確定性。大衛．派（David Pye）在對比「確定的作品」（workmanship of certainty）與「有風險的作品」（workmanship of risk）時，談的就是這件事。我認為這是一種實用的區分，但需要進一步解釋。

派是知名的家具製作者，也是倫敦皇家藝術學院的家具設計教授。一九六八年出版影響深遠的《作品的本質與藝術》（*The Nature and Art of Workmanship*）。他一開始先提出定義：

如果必須定義「工藝」（craftsmanship）一詞，我會說第一個相近的概念是運用任何技術或裝置的作品（workmanship）都算在內。這樣的東西無法事先確定成品的品質，一切仰賴製作者運用判斷力、巧手與關懷。背後的基本概念是成品的品質在製作過程中持續面臨風險；我稱這種作品為「有風險的作品」：這是一種粗略的講法，但至少可以描述其特質。

順道一提，在作品的世界裡，關懷比判斷力或手巧不巧重要；不過關懷可以成為習慣，在不知不覺中投入。

派接著又談到：

我們可以比較有風險的作品與確定的作品。量產的東西永遠是確定的作品，其中全自動生產又是最純粹的狀態。如果是這類型的作品，尚未製作出任何可供銷售的物品之前，成品的品質已經事先成定局……以最典型、最為人所熟知的例子來講，提筆寫字是有風險的作品，現代印刷則是確定的作品……原則上，兩種作品的區別涇渭分明，也因此區分時要問：「結果是否已經事先決定好，一開始生產就無法改變？」

派在一九六〇年代所舉的例子，或許會讓現代的讀者感到不解，今日人們愈來愈不常提筆寫字，印刷也已經數位化，但不論如何，派的重點很明確。他特別提到「任何技術或裝置」幾個字，顯然他的思考範圍不限於傳統的製作技術，也著眼於新興技術。此外，派所說的「風險」，並不是指品質不佳的可能性，而是與生俱來的不確定性，無法事先確定即將發生什麼事。可預測性的風險指的是結果，而不是使用者或體驗的人會遇上危險。

本書提到的專家，平日全是在處理「有風險的作品」。外科手術、訂製西服、臨床看診、魔術秀、石雕、音樂表演、髮型設計——全都無法事先決定與統一最後的成果，都帶有不確定性。

「風險」一詞會讓現代讀者聯想到其他意思，包括自己或他人碰上危險的機率，例如財務方面的後果，或是民眾的生命安全遭受威脅。當然，這兩種風險意涵有重疊之處，特別是碰上關於人的事。工作牽涉到人的時候，沒有任何事是確定的。派因此特別強調判斷力、巧手與關懷這三件事，其中關懷的重要性又高過其他兩項。

派使用的詞彙雖然老派，我感到他提出的概念十分有道理——具體點出了關鍵。專家的工作必然穿插著不確定性。你累積經驗時，必須接受不確定性並加以處理，那正是即興能力很重要的原因。你要有辦法提出全新的解決辦法。我成為外科醫師後逐漸明白，開刀前唯一能確定的事，就是有些事無法事先得知：或許是受傷的細節，或許是身體構造上的差異；病患的器官與組織會出現什麼樣的狀況，能否撐得住縫合；我會碰上多大的出血量，組織面是如何因為先前的手術或感染而沾黏或閉塞。此外，我也無法事先判斷，是否會碰到瀕臨臨界點的脆弱組織。

在這樣的不可知當中，我必須仰賴自信與技術，也就是即興的兩個必備元素。我也許無法事先得知自己將碰上什麼情況，但必須有足夠的信心處理。

回應無從預測的狀況

即興與風險永遠同時出現。嘗試新事物時，事情總是可能不會朝你希望的那樣發展。我們在第六章檢視過出錯時會發生的狀況，以及如何補救，本章則要探索專家永遠在即興發揮，永遠在回應出乎意料的情況。現在，我們要結合先前提過的概念，談一談跌倒再站起來的復原力。

專家替作品原本就存在的差異負起責任。專家解讀他們使用的材料與服務對象，包括他們的觀眾、顧客、病患，配合每一種情況，調整專業能力。每一次碰到問題都重新思考，持續與作品、受眾對話。專家的特色是因地制宜，學習出錯時該如何處理。如果想持續把自己培養成專家，不屈不撓的復原力是必備的基本特質。

腸吻合術（切斷一截腸子後，將剩下的兩端接起）有時會在手術過後突然出現裂縫。這種事本來就會發生，不是任何人的錯。醫學界稱這類情形為「併發症」，手術原本就會出現難以預料的事；有的病患的復原狀況也可能比其他人好。

這種事不同於犯錯。併發症是即便你做對了也會發生的事。每一種外科手術都有併發症發生率，可以給出數字，例如「部分胃切除術」的滲漏率是五%。如果你替一百個病人開刀，有五個人會發生滲漏問題。即便你很難不自責，由你負責開刀的病患出現那種情形時，不一定是你做錯事。這是處理有生命的人體時會發生的現實狀況。

每個領域都有相當於併發症的情況。如果你是陶藝家，上釉與燒陶的本質是無法預測。有時某批作品燒不好，也找不出原因。如果你運氣好，尚未碰過併發症，通常單純是因為你動過的手術還不夠多、燒製的盆子還不夠多，或是執業的時間還不長。

我們通常談論的是專家創造的有形事物，如花瓶、畫作或西裝，不過前文也提過，許多專家創造的是瞬間即逝的體驗，如音樂、魔術或高級美食。這些同樣是「有風險的作品」，一樣帶有不確定性。

端出自己最好的作品，意謂回應當下的特殊情況，每次都以稍微不同的方式行事。隨機應變是在即興。當約書華說：「這將是你最棒的一件西裝外套」，他是在請客人相信，裁縫師會依據客人的特定需求想出解決之道，而不是以千篇一律的方式製作衣服。約書華具備的技能如同我的一般科醫師能力，「界定問題」和「知道如何解決」一樣重要。人類專家與演算法的不同就在於此。部分的醫療流程可以有效地交給機械化的系統，例如辨識顯微鏡下異常的抹片細胞，提出子宮頸癌的診斷。然而，機器人無法轉告病患他們罹患癌症，也無法聆聽病人述說擔心的事。每一位醫生都以不同的方式處理診斷結果，判斷什麼樣的作法對病患最為理想。

學習「把手壓在屁股下不要動」

許多已經對外發表的研究，用航空業來跟外科做比較，探索駕駛艙的訓練可以如何增進手術流程的安全性。相關主張指出，引進駕駛艙的制度，將能減少心臟人工瓣膜裝錯方向等錯誤。然而，今日的飛航十分安全，大部分的民航飛行已經成為例行性操作。

多數時候，駕駛長途國際班機，不需要執行太多動作。當然，機師依舊會接受密集的訓練，以防各種突發狀況。前文提過薩倫伯格機長迫降在哈德遜河的故事，航空仍然不時發生重大災難——或是千鈞一髮，幸運躲過。不過，民航機出問題算是罕見的例外，而軍事飛行則是另一個世界。

菲爾・貝曼（Phil Bayman）是戰鬥機飛行員，飛行時數超過四千五百小時，幾乎不管什麼場面都見過。他不僅出過無數次的飛行任務，也負責訓練飛行員。許多紅箭飛行成員（Red Arrows，英國頂尖的特技飛行隊）從前就是他的學生。

菲爾與同袍已經走過本書提到的所有階段。戰鬥機飛行員開始出任務時，他們的注意力僅有一五％被飛機操作占用，剩下的八五％則放在「任務管理」（mission management），也就是評估與回應每一種狀況，瞬間做出決定。當你想到鷹式教練機（Hawk）與龍捲風戰鬥機（Tornado）是以接近超音速的速度飛行，你就會明白戰鬥機駕駛面對什麼樣的情境。如同菲爾所言：「你處於你的能力極限。」

戰鬥飛行有著相當不尋常的要求。除了敵機、飛彈、地形與氣候挑戰等外在威脅，還有G力等生理危害。菲爾向我解釋：「戰鬥飛行有如一盤很大的西洋棋賽，有很多、很多的變數。你的飛機、你的身體或你的團隊，如果有東西開始出錯，就必須決定爭先恐後爬上船的鱷魚中，哪一條最大，擒賊先擒王。」前提是你的頭腦不能亂，要回應四周與內心發生的事——換句話說，你得即興發揮。

即興是一種有辦法學習的能力。菲爾傳授口訣給他指導的飛行員：「事情出錯時，把雙手壓在屁股下，數到十。才十秒，沒有什麼不能等的。最危險的事就是衝動行事，還沒想好就做。」儘管主持一場外科手術，明顯不同於以音速開著戰鬥噴射機進行纏鬥，聽在我這個臨床醫生耳裡，菲爾的作法很有道理。

創傷外科醫師也必須決定正在擠上船的鱷魚中，哪一條最大隻。血一直在你眼前湧出來的時候，你的第一個衝動會是快點拿著手術鉗，先隨便止住一條血管。然而在一攤血之中，你可能夾錯東西，雪上加霜。外科教科書會告訴你控制情況的技巧，教你如何修補動脈與靜脈，但不太會提到你的內心狀態——在手術中站在前線是什麼**感覺**。問題不只是出血，你如何回應，也決定了結果。經驗豐富的外科醫師學會先暫時控制住情勢，然後才做無法回頭的決定。他們先用紗布巾緊緊按住傷口，控制住出血，然後從客觀的角度，在腦中掃過所有選項，決定好策略。就象徵意義來說，外科醫師同樣採取不躁進的方式，原地數到十。

外科醫師也會碰上G力，例如疲憊。我在受訓過程中，過了很長一段時間才發現，到了週末的輪值尾聲、連續工作四十八小時沒睡覺，此時我做的決定，以最委婉的講法是「有問題」。我逐漸瞭解哪些是過勞的徵兆：我的速度開始慢下來，變得優柔寡斷，在不合適的時候傻笑，無法處理多重的資訊來源。如同經歷猛烈G力的飛行員，疲勞偷偷摸摸地出現，趁你不注意時悄悄冒出來。

我在手術房處理森巴傷勢時很幸運。那個晚上我才剛開始輪班，頭腦還很清醒。我看著眼前的一攤血，打起精神，試著不慌不忙，辨識能引導我的路標，找出森巴到底是哪個地方被刺傷。我的助手用消毒棉輕拭手術部位，幫忙吸血，突然間一道血噴了出來。有脈動，所以一定是動脈。護理長瑪芭塔（Mbata）遞紗布巾給我，我塞住傷口，要助手緊緊壓好。我則趁機集中精神，試著用邏輯思考。至少我已經暫時穩住情況，壓下內心的恐慌，有時間思考我的選項。我抵達暫時安全的地方，可以鬆一口氣，重新出發。知道如何找到那個安全的歇腳處很重要。

找到安全的歇腳處

為什麼壓住自己的手不要動至關重要？這跟即興有什麼關聯？即興需要你留意線索

並回應。你在處理緊急狀況或是疲憊、壓力過大時，注意力會縮限在單一一個點。若能把最大的鱷魚踢下船，想辦法抵達安全的地方，就能實驗並想出能撐得更久的解決之道——航行到沒有鱷魚的地方。

森巴的手術過去許久之後，我邀請一群專家參加某場一日研討會，討論錯誤與救場。戰鬥機飛行員菲爾也是座上嘉賓。他首先談到一則故事。有一次他即將降落時感到有事情不對勁，但不知道問題出在哪裡。落地前的清單步驟已經走完，但就是覺得哪裡怪怪的。菲爾沒有試著分析問題，而是取消降落，全面加速，爬升到安全高度。菲爾一旦有餘裕思考，立刻發現自己雖然一一清點過步驟，實際上他沒拉操縱桿，放下起落架。菲爾之前喊出「放下起落架」幾個字，但並未真的放下，就跟我那位醫學院學生一樣，做出量脈搏的動作，卻沒有數到底是幾下。不過，菲爾是專家，他和我的學生不一樣，他知道有事情不對勁。在那個瞬間，菲爾只有幾秒鐘的反應時間；如果他停下來分析狀況，死亡空難就等著他了。菲爾靠直覺反應，先爬升到安全的高度爭取時間。等情況較為穩定，才回顧先前的幾分鐘，找出問題所在。

本書提到的專家，每個人都身處相當不同的領域，但全都培養出刺繡專家花兒所說的「感到不對勁的直覺」（wrongness），那是一種高度警戒的特殊感受。出現那種感受時，專家會做點什麼，速度之快，連他們自己都幾乎不曉得發生了什麼事。他們摸索出一套方法，先穩住情勢，爭取時間分析問題，再找出該怎麼做——讓自己坐著不動數到十。事緩則圓，他們從不管三七二十一先做再說，切換至回推原因的思考。

當然，不是所有的問題都發生在戰鬥飛行那麼緊急的情況。約書華在職涯早期，縫製的袖子跟西裝外套有時會兜不起來。這個步驟通常很順暢就過去了，但偶爾事情不會照計畫進行。袖子合不起來，每一件事都變得怪怪的。約書華起初會試著調整布料，但那麼做只會雪上加霜，他感覺到雙手緊張起來。最後他發現肌肉緊張是個訊號，應該暫時放下工作，換個方式思考。先不要縫了，泡杯茶。那是屬於他的安全空間。回來時，問題看起來不一樣了。情況穩定下來後，約書華便能回想師傅傳授的基本架構原則，分析問題，往回推，接著即興發揮。不過他需要先暫停一下，重振旗鼓，好好想一想。

我剛開始在巴拉瓦納斯醫院受訓時，帶我的外科主任醫生講過幾乎一模一樣的話。「萬一出紕漏，你不知道該怎麼辦，」她告訴我：「就先什麼都不要做。叫人遞紗布巾給你，要助手緊緊壓好，去喝杯茶。等你回來，重新刷手，事情看起來就不一樣了。」我起先不相信這種講法，但是幫森巴動手術時，腦中又冒出主任講的這幾句話。

從某個角度來看，我剛才提到的幾種挑戰，算不上同一種等級的狀況。如果彈錯音，袖子沒縫好，沒有人會失去性命。然而，開著戰鬥機出錯，你會被殲滅；開刀出紕漏，更會嚴重傷害手術台上的病患。但不論如何，發現事情不對時，處理原則都一樣。專業即興者的特徵是懂得先抵達安全的歇腳處，好好想一想下一步該怎麼做。

新手會縮減專注的範圍，專家則會放大。他們回應整體的情勢，不去看單獨的元素。有時，完全不同的解決方法會突然冒出來，有時還能靈機一動。

扭轉乾坤

凱薩琳．柯曼（Katharine Coleman）是玻璃雕刻藝術家，以精巧的彩色玻璃作品聞名於世。她平日仰賴專業的玻璃吹製師提供創作素材。有一次，凱薩琳受託雕刻一個沉重的碗公，她拿到時嚇了一跳，玻璃裡居然有灰燼的痕跡。凱薩琳立刻向玻璃吹製師抱怨，但師傅一臉同情地望著她，向她保證那些痕跡只是在表面上，一切真的沒問題。師傅告訴凱薩琳，擦一擦痕跡就會消失。

凱薩琳不相信師傅說的話。她看不見也感覺不到表面上有任何東西，深信是玻璃沒吹製好。她回到工作室，再次檢視那個碗公，更加確信灰燼是在製作過程中跑進玻璃，但也沒辦法了，只能擦掉。沒想到幾秒鐘內，所有的痕跡都消失無蹤。就跟玻璃吹製師傳說的一樣，灰一直是黏在表面，是碗的弧度加上視覺效果，看起來像在玻璃裡面。

凱薩琳的第一反應是鬆了一大口氣，但靈光一閃，找到足以撼動業界的作法。在壁很厚的彎曲玻璃表面加上的任何花樣，一旦經過透明物質折射、映在內壁上，就會看起來不同。雖然古代的玻璃吹製師傅老早就知道這件事，一直要到凱薩琳這樣的藝術家出現，才把這種現象應用在雕刻上。那位玻璃吹製師傅今日依據凱薩琳指定的需求，在透明碗的厚實碗壁加上一層薄薄的彩色玻璃，就像蘋果或馬鈴薯的皮一樣。凱薩琳再把這層玻璃當成畫布，雕上自己的設計。這類創作讓她知名度大開。

凱薩琳告訴我，她原本可以把精力浪費在生氣上頭，她訂製的玻璃居然出錯（她當初那樣以為），但她轉念把那次的經驗當成機會。從這個角度來看，我們不該消滅錯誤、變化與不可預測性，反而應該歡迎，因為那正是刺激創意的契機——如果你的想像力足以那樣看事情。那樣的想像就是一種即興，看得出不符合預期的情境帶來的可能性。凱薩琳和強史東指導的演員一樣，懂得用「沒錯，還有就是……」來回應。

在龐大壓力下即興

我人在巴拉瓦納斯醫院的手術室，努力壓下心中不斷湧出的恐慌。我的助手壓著紗布巾替森巴止血，我有時間保持一點距離，在開刀房裡走來走去，試圖冷靜下來，好好思考。我回到手術台旁，拿掉紗布巾，找到刀子刺穿的一條頸動脈分支，夾住綁好，希望就此解決問題，但我沒那麼幸運，血還是一直冒出來。血來自森巴的頸部後方，一定是椎動脈也受傷了。這簡直是**惡夢**場景。看名字就知道，那條動脈通過頸椎的骨通道，因此很難碰觸到。動脈有彈性，如果被切斷，斷口會縮起來。萬一斷在碰不到的地方，比如這次的頸部骨通道，血就會一直滲出來，病患可能在你眼前流血至死。我已經不只一次見過這種案例。

我幫森巴開刀時，沒人能幫我。就算打電話給人在家的主任醫生，她至少要四十五分鐘才能趕到，根本來不及。我得做點什麼，現在就做。我害怕到全身僵硬，我還不算是專家，這種傷口遠遠超出我的能力範圍。但我必須以後再煩惱自己能力不足，現在我需要的是即興發揮。我盡量設想各種可能，我需要靈感。

我靈機一動。我忘了在什麼場合看到一則故事，或許是在茶水間聊天、讀到某本講開刀的書或期刊，也可能是聽到某人的軼事——有人用導尿管的氣囊控制住這樣的出血。導尿管通常用於排尿：把導尿管放進病患的尿道，讓管頭碰到膀胱，接著用注射器將導尿管上的迷你氣囊充氣，阻止導管滑出尿道。導尿管可以應用在椎動脈傷口的原因在於骨通道很狹窄，就連小氣囊施加的壓力，也足以止住動脈噴出的血。醫學上，這叫「填塞」(tamponade)，可以救命，至少理論上如此。反正值得一試，我得做點什麼，因為森巴即將失血過度。

我深吸一口氣，要求兒童版的導尿管。瑪芭塔護理長看著我，以為我瘋了——我們在開成人脖子的刀，不是小孩的骨盆，但她依然替我找來導尿管。瑪芭塔不曉得我想嘗試什麼，但是她用「沒錯，還有就是……」回應我的奇怪要求，我們一起臨場發揮。

我把導管插進森巴的傷口深處。每當我拿開紗布墊，那裡就冒出一片血。最後我終於讓導管頭就定位，讓氣囊充氣，對天祈禱。神蹟出現了。出血停止，森巴的血壓穩定下來。至少這下子事情獲得控制，我可以慢慢來。接下來的路途依舊艱辛，但我終於夾住動脈，讓血不再湧出。後面的步驟就是例行公事了，我回到在書上學到的技巧。約莫過了一小時，手術即將大功告成，我縫合上皮膚。森巴大量失血，後續需要待在加護病房，不過他年輕力壯，恢復情況良好，沒多久就轉回普通病房，很快地出院。可真是生死一瞬間。

我那晚替森巴開刀的經歷成為一道分水嶺。我從擔心森巴會死在手術台上，到幾天後看著他出院，再次體會到，不是我需要知道的每一件事，書上都有寫。那次經驗讓我有信心在必要時刻找到辦法。數十年後，我回想起那次手術，心跳依舊會加速。事情發生的當下，我只慶幸自己逃過一劫，急中生智，但現在回想起來，我認為那是一場即興演出，我從腦中五花八門的訊息之中抓住一條——在最需要的時刻找到。我終於開始成為專家。

有能力即興是任何專家具備的特質。把多年累積的技術與洞見，應用在遇到的每個新情境。如同本章先前提到的爵士三重奏的低音大提琴手，你有能力解決突發狀況。跳脫式思考有時甚至能把你的工作帶往嶄新的方向。我們下一章會談這件事。

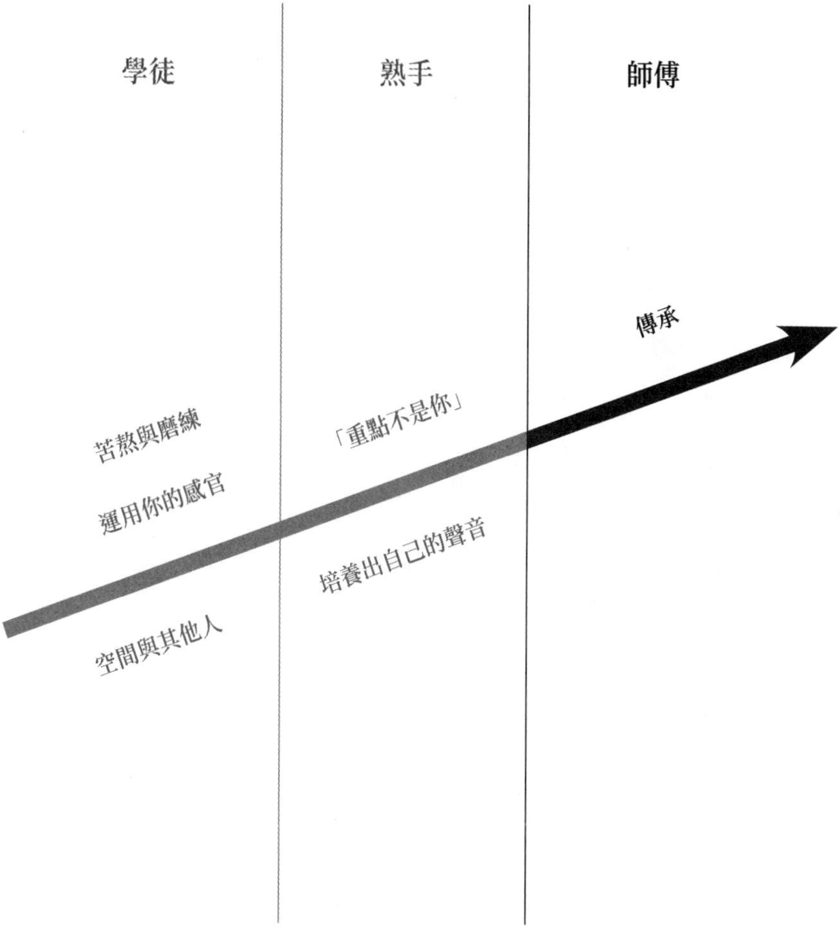
學徒
熟手
師傅
傳承
苦熬與磨練
運用你的感官
空間與其他人
「重點不是你」
培養出自己的聲音

10 改變方向

二〇一四年九月，我人在倫敦的藝術工作者協會；我在第一章提過這個優秀組織。我們正準備展開一整天的活動，一場我命名為「線的管理」（Thread Management）的研討會。我召集一群工作全和線有關的專家，其中好幾位和我一樣是外科醫生。一位是處理動脈與靜脈的血管外科主任醫師；另一位是心臟外科醫生，專長是修復出問題的心臟瓣膜，無須直接置換成人工瓣膜；第三位是服務嬰幼兒的小兒外科醫生；還有一位是刷手護理師，是任何手術團隊的關鍵成員。

除了外科人員，我們還邀請到醫學界以外的專家，包括三位靠著線讓傀儡活過來的木偶戲師傅。愛釣魚的朋友也來了，他用線綁住蒼蠅餌垂釣鱒魚。此外，還有英國頂尖的實驗性編織與織品設計專家。帝國學院也來了兩位工程師，他們從數學的角度分析線，建立電腦模型。

大家今天會齊聚一堂，關鍵人物是 3D 刺繡專家花兒。我們在第九章提過她所謂的「不對勁的直覺」。我先前主持過一場外科手術模擬，展示外科醫師如何用縫線接合腸段，那次花兒也來了。我的重點是展示團隊如何進行腸子或血管的吻合術，我擔任創傷外科醫生時，動過無數次這樣的手術。然而，花兒女士看到手術模擬後，她感興趣的不是解剖，也不是傷口或疾病之間的細微差異。花兒看到外科團隊是如何使用縫線與縫針，也就是她所說的「線的管理」。

花兒沒念過醫學院。她讀的是美術、時尚設計與刺繡，不僅是專家級的工藝師，也是專家級的老師。我請教她說的「線的管理」是什麼意思，她回答：「我注意到你們在那場手術過程中，線頭到處跑來跑去。我的學生使用針線時也是那樣。我教學生的第一件事，就是不要讓線纏在一起。我告訴學生，線永遠不該長過手指與手肘之間的距離；你必須隨時注意每一根線的鬆緊度；你在沿著弧線縫製的時候，絕不能讓線和傳統電話線一樣，亂轉一通，糾成一團。」

我真希望當年在外科受訓時，就有人教我這件事。我還在當外科助手時，我會在老闆完成困難的吻合術時，「跟著」她動，結果不曉得有多少次讓線纏在牽引器上。我當上外科醫師後，縫合弧線也常令我心浮氣躁，超細的縫線素材會一路往上螺旋打轉。

我當年是向我跟的外科醫師學習縫合方式，不曾想過刺繡師也能幫上忙，專業刺繡師從沒進入我的腦海；那時我根本不知道世上有這樣的職業。多年後，聽見花兒談線的管理，我知道她看到外科一直存在、但我不曾留意的現象。花兒把焦點擺在線，於是我們決定和其他專家一起探索這個概念。

那天在藝術工作者協會舉辦的研討會，讓我和花兒的工作都轉進一個新方向。我們請所有與會者帶工作樣本過來，介紹他們使用的材料。外科醫師和刷手護理師帶來開刀器材、縫線與動脈模型；漁友帶來釣竿與釣線；木偶師帶來滿滿一袋木偶；織品藝術家帶來她的紡車；數學家帶了灌好模型軟體的電腦。我觀摩各界專家展示技術，發現只要踏出自己的領域到外頭看看，就能以全新的角度看待自以爲懂的事。在那之後，跨領域的探索成為我的研究重點。

線的管理讓花兒的世界就此不同，開啟了職業生涯的新階段。她在那場藝術工作者協會的活動，恰巧坐在血管外科主任醫師柯林・畢克奈（Colin Bicknell）旁邊，兩人一拍即合。花兒帶來繡框，柯林則帶了用矽做成的主動脈模型。柯林示範如何置換有問題的主動脈，用細針放進達克龍（Dacron）支架，花兒立刻感到極其熟悉。很奇妙的是，她的針線作品和那種手術非常類似，即便用途完全不同。

柯林邀請花兒到手術室觀看他實際替病人動刀，從此花兒一腳踏入全新的教學領域。有三年多的時間，她在柯林的血液外科單位擔任駐院刺繡家，那算是一個相當獨特的職位。花兒用無數個小時觀察柯林的團隊，找出如何將自己的技術應用在訓練外科醫師的技術上。從阻塞的腿部動脈，到幾分鐘就能致命的破裂主動脈瘤，花兒觀察我們想得到外科醫師會處理的每一種病症。不過，花兒並未把外科醫師的工作侷限在柯林的世界裡。花兒邀請柯林師生參觀她在北倫敦的工作室，教他們如何觀看、如何畫畫、像藝術家一樣縫東西。花兒設計訓練課程，協助外科醫師培養技術，先從簡單的打結與刺繡練習開始，再進階到複雜的步驟，處理質地脆弱、一摸就碎的古董布料。概念就如同替病患開刀時，碰上軟如奶油或是如陶管般易脆的動脈。

花兒懂得在柯林的開刀房見到的事，因為她已經是專家了。接下來，讓我們用本書介紹的專家之路，探索此時發生的事。

花兒已經走過目前為止我提到的所有階段。她在藝術學校待上若干年，努力成為裁縫師與時尚設計師——度過苦熬與磨練期並學習運用感官。花兒開設高級服飾店，替人設計並生產服飾，知道犯了錯要修正。服飾店也讓花兒學會看出客戶要什麼，設計出符合需求的衣服。如同本書提到的其他專家，花兒必須完成「重點不是你」的轉變，但又培養出自己的聲音。

二〇〇八年的金融危機壓垮了花兒的事業，有一陣子她轉型成訂製束腹的廠商，結合自身的設計才華與製作能力，開闢出利基市場。花兒沒放棄過去學到的技術，而是改用在其他領域。用前一章的話來講，花兒**即興發揮**。儘管她束腹也做得不錯，她明白這個領域不適合自己，她要的是能充分運用巧手與想像力的挑戰。倫敦維多利亞和艾伯特博物館展覽的歷史服飾，帶給她啟發。她就此迷上了 3D 刺繡，投入無數個小時，重現詹姆斯一世時期的立體刺繡，以顯微鏡底下的細緻程度，創造出大自然世界的刺繡花樣。今日，她成為這個不尋常領域的頂尖專家。

花兒此時已是知名人士，也是備受崇敬的工藝師與老師，可以朝這條路繼續走下去，直到職涯盡頭。然而，她擔任柯林血管外科單位的駐院刺繡師後，選擇了一個新方向。她所做的事，不是在她接受訓練的領域繼續耕耘，而是重新定義。

重新定義產業的專家並不多。大部分的專家持續走在最初選擇的道路上。先是在別人的工作坊完成學徒階段，接著以熟手身分磨練並精進專業技能，成為師傅。他們專心將知識傳承給追尋同一條道路的後輩。傳承是很重要的工作，不僅是一路依循同樣制度上來的學習者有人教導，對制度本身的延續也很重要。

這類專家以過去學到的方式，傳承自己的工作。臨床醫生即便採納新的技術，他們照顧病患的方式，幾乎仍和他們的老師一樣。魔術師會開發新魔術或新節目，但在表演時有一套既定的魔術秀規範。訂製西服的裁縫師製作衣服時，持續利用已經流傳數個世代的紙樣。

然而，有的專家選擇朝不同的方向出擊，挑戰自家領域的本質。花兒這樣的專家在不熟悉的領域獲得啟發，促使她從意想不到的角度，以全新的方式思考。有的專家更是掀起整個領域的革命，例如微創手術的先驅韋克漢。我們將在本章探索此類專家，以下先從韋克漢先生講起。

微創手術的先驅

如果你在今日動過膽囊移除手術，幾乎一定是微創手術。你的腹部會有幾個迷你切口，手術當天就能回家，沒多久就能重返工作崗位。然而，從前可沒這麼舒服。我在一九八〇年代接受外科訓練時，病患接受拿掉膽結石的常規手術後，必須在醫院待上數個星期。傷口很大、很痛，需要很長的時間才能癒合。我學到的術式是數十年來的標準作法。一九二〇年代教學影片介紹的術式，幾乎和我在當準外科醫師時學到的東西一模一樣。接著，幾乎是在一夕之間全然改觀。

微創手術在一九八〇年代晚期問世時，不只是讓原本的術式變得更好而已，而是掀起一場翻天覆地的外科革命。這場革命的關鍵人物是約翰．韋克漢先生。約翰在二〇一七年十月過世，享壽八十九，是全球頂尖的外科先驅，一輩子都在創新。

約翰在一九八〇年代開發微創手術（又稱「鎖孔手術」〔keyhole〕）後，持續顛覆醫學的領域。他發明無數新的技術，包括第一台由機器人輔助的攝護腺切除系統。他的點子在今天仍然帶來深遠的影響，即便很可惜，直到近日，知道他的貢獻的人依舊不多。我在約翰去世前幾年，有緣認識他和他的醫療夥伴，逐漸明白這位講話輕聲細語的溫和紳士帶來多大的影響。

約翰是泌尿科醫師，專治腎結石患者。如同本書提到的所有專家，他走過學徒、熟手與師傅等階段，在擔任住院醫生的年輕歲月累積了廣泛的經驗，包括在神經外科待過一陣子。成為主任醫生之後的頭幾年，他都是以當時的標準作法執行手術，劃出大切口，露出腎臟，取出泌尿道結石。

在接下來的職涯，約翰其實可以一直待在這個領域，但他摩拳擦掌，不滿於現況，不斷尋求更好的療法。一開始，他只針對自己的專科提出創新，設計新型設備，包括今日開放手術還在使用的韋克漢牽引器（Wickham retractor）。約翰高度重視工作品質，試著以神經外科處理大腦的細膩度，在開刀房處理腎臟。他敬重人體組織，研究出各種能減少傷害的腎臟開刀法。

不過，約翰的願景不只是那樣而已。他告訴我，他在手術完成後的隔天去看望病患時，目睹了他們的痛苦。體側留下的切口，有紅花四季豆（runner bean，譯註：可達十五公分至二十公分以上）那麼長，而約翰會拿著扁豆(lentil)大小的東西告訴病患：「史密斯先生，我們取出了你的結石。」和小石粒比起來，手術切口的大小似乎不成比例。約翰感到不合理，便挑戰當時的正統作法，開始質疑是否真的需要那麼大的切口。他日後寫道：「依然有太多外科醫師相信，一定得切出手放得進去的大傷口，要不然視線不足以好好執行手術。」

推動改變永遠不容易。約翰希望改革手術方式的願景，換來的是他在部分醫療同仁間變得不受歡迎。一九八〇年代的外科階級相當分明。我懂這種情形，因為我就是在那個年代當住院醫生，深受其害——屎往低處流，而我就在最底層。然而，約翰不願意接受階級那一套，他對權力地位沒興趣，只希望盡可能替病患帶來最佳的體驗。約翰建立起最不尋常的團隊。數十年之後，我著手研究早期的微創手術時，結識了那個團隊中的多名成員。

約翰當時已經八十多歲，許多同事也退休了，但是他們都清楚記得那段時光。東妮·雷博（Toni Raybould，刷手護理師）、麥克·凱雷（Mike Kellett，介入放射科醫師）、克里斯·羅素（Chris Russell，外科醫師）與史都華·格林葛拉斯（Stuart Green-grass，工程師與外科器材設計師），談到約翰如何集合眾人之力，想辦法縮小手術造成的傷口。約翰藉由團隊合作的概念，開闢新局。

那是外科發展史一段令人目眩神迷的時期。科技飛速進展，超音波與CT掃描等影像技術，讓醫生看見內臟的方式出現重大突破。纖維光學與小型化讓迷你腹腔鏡得以進入體腔。雷射開啟了用能量治療疾病的全新可能性。相關進展似乎說也說不完。約翰鼓勵冒險與創造，他的研究團隊提出各種新點子，有的不可行，逐漸退出歷史的舞台，但其他點子成為標準作法，如軟式膀胱鏡（以細小的光纖管，觀察膀胱內側）。

有一天，約翰·韋克漢與麥克·凱雷帶來重大的突破。先是由凱雷操作X光控制器，讓一條細線進入病患腎臟，接著利用擴張器開出一條管道，大到足以讓迷你望遠鏡（「腹腔鏡」）通過。約翰引導腹腔鏡通過管道，在腎臟開一個小切口，抓住結石後取出。約翰拿出結石時，團隊爆出如雷的掌聲——這在開刀房可是很少聽見的聲音。患者兩天後就回家，不需要像以前一樣，住院數星期等待康復。約翰團隊執行了英國史上第一場「經皮穿腎造瘻碎石取石手術」（percutaneous nephrolithotomy），從扁豆大小的手術切口，取出扁豆大小的腎結石。那是歷史轉向的瞬間。

從那時起，一切迅速開展。接下來幾年，韋克漢團隊打造出一個全球都出現進展的領域。凱雷當時已是著名的 3D 解剖視覺化專家，愈來愈擅長將管線放進人體看似觸碰不到的地方。格林葛拉斯替韋克漢碰到的臨床問題想出工程解決法，例如：如何用腹腔鏡取得最佳視野、放大與縮小影像、設計出配合人體工學原理的儀器。雷博則將這些新技術整合進開刀房的節奏。

然而，約翰不僅想讓自己的泌尿專科領域發生革命，他在提出「微創手術」（minimally invasive surgery，日後更普及的講法是「鎖孔手術」）一詞後，發現可以為整個外科帶來更重大的影響，即便實際上要再過幾年才真正普及。他在一九八七年的《英國醫學期刊》（*British Medical Journal*），發表具有先見之明的社論：「一般外科醫師尚未掌握腹腔鏡的潛能，令人感到訝異。」不過兩年之後，一般外科**真的**掌握了那樣的潛能，外科手術的世界就此改變。從那時起，一場又一場的手術因為微創手術而脫胎換骨，約翰美夢成真。

創新的大師

約翰．韋克漢與合作夥伴完全改造了我的領域。世上能像他們一樣自稱掀起領域革命的人士屈指可數。不過，本書出現的許多專家也曾經歷類似的轉向，離開原本接受訓練的正統環境。魔術師大衛．歐文（David Owen）的平行職涯是律師。他想到利用魔術的表演技巧，協助失能的年輕朋友。在伊凡．法哈森（Yvonne Farquharson）主持的醫院慈善活動贊助下，他與理查．麥多葛（第七章提過的魔術師）成為「呼吸藝術魔術」（Breathe Arts Magic）的創始成員，替半身不遂的孩童與年輕人舉辦為期兩週的夏令營。半身不遂是指身體單側無力的情形，起因通常是影響到腦部的產傷。許多這樣的年輕朋友沒辦法自行扣釦子或拉拉鍊，因為根本無法協調基本動作。他們經常感到社交孤立，在學校不太快樂，被同學視為異類。

大衛與理查兩位魔術師與職能治療師合作，一起設計魔術。除了有趣到半身不遂的年輕朋友會想要練習，還能改善他們的協調能力，建立自信。這個計畫大獲好評，年輕朋友迷上了魔術，每回上課之後會認真練習好幾個小時。除了把硬幣變不見，讓橡皮筋在空中神祕地跳躍，這些年輕表演者與觀眾互動時，還培養了信心與社交技能。他們利用眼神的接觸，引導觀看者的注意力。我觀摩過其中一堂暑期課程，見到這些年輕孩子表演魔術之後，生平第一次自己打開一包洋芋片，那真是令人難忘的經驗。

大衛團隊的另一位魔術師是威爾・豪斯頓。威爾同樣重新定義了自身的領域。打從有記憶以來，魔術就令他感到著迷，但他一直要到取得機械工程的碩士學位，才成為專業魔術師。我們在第七章介紹過他，他當時已經非常成功，拿下歐洲魔術冠軍盃（European Magic Championships），獲選為二〇一五年魔術圈最佳近景魔術師。威爾讓一次八分鐘的節目臻於完美，一個晚上表演兩場，一星期表演六晚。他創造出觀眾熱愛的體驗，硬幣和撲克牌來無影去無蹤。威爾告訴我，自己其實是在做魔術師該做的事、其他魔術師想看到的表演，以及其他魔術師認為魔術該有的樣子。儘管他早已是完美的表演者，光是魔術秀無法滿足他。威爾想要創造自己的魔術形式。

威爾當時剛拿到維多利亞魔術史的博士學位。他希望挑戰觀眾用更開放的心態思考，也對「真實」與「欺騙」的關係開始感興趣，因此他開發出新型魔術秀，說出過往魔術師的故事。威爾讓那些魔術師起死回生，由他本人來重現他們的魔術招數，但是加上了懸疑的元素，淘氣地引發觀眾懷疑歷史故事的真實性。

威爾談到他的目的：「這樣的表演未能遵循傳統魔術秀的模式，但我透過變動結構，設計出自己想看到的表演，說出我想說的魔術真諦。」威爾不跟著其他魔術師走，以重新定義的角度看待身為魔術師的意義。

我近日和威爾一起探索，魔術技巧可以如何協助理工科與醫學院的學生，讓他們把自己的工作想成是表演。威爾是我主持的表演科學中心的駐院魔術師，他探索吸引與左右注意力的技巧能如何協助臨床醫師及音樂家完成工作。

再回到進駐柯林手術室的花兒。花兒不僅教外科醫師如何縫合，還示範如何觀察。她長時間和手術團隊待在一起，注意到外科醫師沒留意的事。花兒的藝術家之眼，看到了器官的顏色、構造與硬度。她留意到團隊成員如何意識到彼此的身體，進而讓動作配合其他同仁與手術台上的病人。花兒看出有的外科醫師天生就對解剖層次、器官與人體結構抱持慈悲心，開刀時小心分離，盡量不造成傷害——有的醫生則不是如此。此外，花兒發現外科醫師能夠在瞬間發覺有東西「不對勁」。

不過，花兒不是所有的時間都和外科醫師待在一起。她的工作有很大一部分是和紡織同業合作，包括其他的蕾絲編織師與刺繡師，還有她自己的學生。花兒希望和同行談她的外科計畫，但又不想用血和內臟嚇到大家。她在最新的作品中用自己最流利的語言，傳達她的醫學洞見：織物。

花兒的最新創作之一是「織物身體」（Textile Body）。從外觀看來，這件作品和人體沒有任何相似之處，但木盒內的層層織物絕對呈現了外科的景象。花兒邀請人們以開刀房的運作方式探索這件作品，輕輕地、小心地分離人體結構，謹慎取出。花兒替「織物身體」選用的素材，是看上去、摸上去都像人體組織的布料。古董蕾絲令人想起年長病患的皮膚。解開幾顆釦子後，會看見多瘤的黃色編織物，代表腹部脂肪。接下來是更多層的布料，薄紗象徵著腹腔內的多層構造。神祕的結構令人想到神經與重要血管。重點不是認出那些在解剖上屬於人體的哪些構造，而是以不會傷到的方式將它們一一打開。最後的任務是對深埋於「織物身體」的脆弱蕾絲結構精準下針。要想碰到那個位置，你的動作必須像個外科醫師，輕柔又準確地分開層層布料。你和真正的外科醫師一樣，無法把你要縫的構造拿到方便使用針線的地方。你人要過去。

你需要具備外科的技巧與敏銳度，才有辦法處理「織物身體」，但不需要外科知識。花兒結合了外科與織物，融合兩種概念架構、兩種看世界的方法。她也結合藝術與醫學的思考，創造出沒人想過的作品，更打破自家領域的界線，引領至全新的方向。

花兒要不是因為下過多年工夫成為專家，不可能做到這些。然而，光是走過必要的階段還不夠。花兒要有機會跳脫自己的領域，必須獨具慧眼，想到如何連結不同的世界，才能達成這種概念上的跳躍。

池塘的漣漪

二〇一四年舉辦的那場「線的管理」活動，有如將石頭扔進池塘，看著水面掀起漣漪。雖然許多與會者來自醫學界，焦點不是醫學——而是線。藝術工作者協會不是臨床機構，外科縫合不過是專業針線工作的一個例子。

在場許多人士的針線工夫都比我高明太多。線該如何處理，他們的敏銳度、經驗與理解比我廣太多。這是自然的，因為和線打交道，只是外科工作的一小部分，卻是許多織品藝術家或木偶師的主要工作。一旦重新定義焦點，傳統的階級界線便消失了。我們不是在討論替生病的孩子開刀，是否比釣魚或木偶「重要」或「不重要」。如同約翰的創新外科團隊，每個人都帶來不一樣、但同樣有價值的貢獻。

各位像花兒、約翰或威爾一樣能夠改變產業方向之前，得先成為專家。這種事沒有捷徑。你必須投入多年埋頭苦幹，接受人生的起起落落，吃得苦中苦，方為人上人。然而，一旦經歷過那些事，瞭解業界是怎麼一回事，你將擁有改變所需的能力。接下來則要發揮想像力，從身為專家的「how」退回「why」，回到你工作是為了什麼，意義何在。你開始問身為專家是什麼意思，為什麼你感到有使命感，你又要怎麼將知識傳承下去。這是下一章要討論的重點。

11 傳承

我正在教一群一般科醫師如何執行簡單的手術流程，但麥克讓我無從協助。時間是一九九〇年代初，我剛從外科轉到一般科，頭一次舉辦一系列的教育課程。麥克是經驗豐富的一般科醫師，但不論我再怎麼示範，他似乎就是抓不到竅門。我解釋如何利用外科器具打結，麥克一再失敗，我不懂他為什麼就是達不到我的要求。我沒有傳授很複雜的技術，而是任何醫師理應知道的事。

我剛成為一般科診所的合夥人沒多久，就開始教家庭醫師動「小手術」。政府當時鼓勵一般科醫師執行這一類業務，其中大部分是看似直截了當的步驟，例如局麻後割除腫塊。然而，一般科醫師通常很少或完全沒有手術的經驗，也難怪事情不見得順利。他們有時忘了將移除後的腫塊送去化驗，所以沒有診斷出皮膚癌。有時劃出大切口之後，便歪歪扭扭地縫回去，留下不雅觀的疤痕。有時則是選擇完全不合適的療法。我有外科經驗，因此受邀研發英國的相關訓練課程，贊助者是英國政府，由皇家外科醫學院與皇家全科醫師學會（Royal Colleges of Surgeons and General Practitioners）負責支援。我們和 Limbs & Things 模擬公司合作開發腫塊的乳膠模型，好讓一般科醫師練習動手術，又不會傷到真人。此外，我還設計了為期三天的課程，在英國各地的中心展開推廣。

參加課程的醫生，許多和麥克一樣手忙腳亂。雖然他們懂的一般科知識遠比我多，他們的雙手似乎連最簡單的事都做不到，比如用錯誤的器材拿手術縫針，或是沒辦法好好替一根線打好牢靠的結。他們拿解剖鑷子時，絕對會造成破壞。一開始我無法理解這一切。我知道原因不是他們笨拙、遲鈍或不用心——絕對沒這回事。

後來我發現，其實是因為沒有任何人教過這群醫生看似簡單的技能。他們在念醫學院或當初級醫生時，見過的外科醫師十分專業，以至於每件事看起來都易如反掌。我開始明白，有一種知識是專家以為每個人都懂，但非專家就不知道世上有那種知識存在。讓麥克焦頭爛額的事，其實一點都不簡單。我認為簡單，只因為我知道怎麼做。對麥克來說，完全不是那回事。我懂的事和他懂的事之間有很大的鴻溝。

跨越哈哈牆

接下來我會用園藝景觀設計的隱喻，解釋師生之間的鴻溝。在許多十八世紀的鄉村莊園，大房子與花園都座落於寬闊綠地上，上頭放牧著許多動物。「哈哈牆」（ha-ha）這個奇怪的名詞，指的是花園與周邊綠地間的一條深溝。牛隻和小鹿看起來直直地走向花圃，營造出視覺的假象，好像房子就位於大自然野外。事實上，動物永遠不會吃到花——因為牠們無法靠近花圃。如果站在綠地上看，就會知道前方深溝陡峭的垂直磚牆，根本不可能攀爬。不過從屋內看出去，就看不見哈哈牆了。

身為專家的我們人在房子裡，欣賞著一望無垠的景色，一路延伸到綠地之外。我們看見遠方的新手，不懂他們為什麼不走近一點，快點加入我們的行列。然而，新手人在綠地，和房子隔著一道無法穿越的鴻溝。我教麥克打手術結的時候，他人在綠地，而我在屋內。

在專家之路的這個階段，你已經從熟手變成師傅，走過所有的階段，成為業界翹楚。你已經成為專家，現在你想傳承自己獲得的知識，但傳承的難度通常比想像中要高很多。你必須完成另一種轉換，這次要從自己做，變成協助他人做。所有的老師都會碰上這個困難的挑戰。我的例子是傳承外科技巧，不過教新的電腦程式、運動或語言也是一樣。你要如何幫助學生通過哈哈牆？

我思考麥克的問題時，幫手來自一個我沒想到的地方——音樂的世界。在教授小手術的課程期間，有一天我去上蘇菲．葉慈（Sophie Yates）的大鍵琴課。我已經向蘇菲學琴超過二十年，不論從哪個角度來看，她都是專家。蘇菲是知名表演家，在全球各地舉辦演奏會，出過許多唱片，還經常上電台討論她對早期音樂的熱愛。此外，她也是專家級的老師。

有一次，我怎麼樣就是彈不好法蘭索瓦．庫普蘭（François Couperin）的組曲裝飾音。庫普蘭是法國的巴洛克作曲家，他的作品重視細節與精確，必須適時加上顫音，注重音符的間距。蘇菲的教學重點也擺在細節上——她不會給模糊的指示，要你「更有表現力一點」或「放鬆你的節拍」，而是給我能夠依循的明確作法。蘇菲讓我明白，只要稍微改變進拍的點、觸鍵與手指位置，效果就會大不相同。

我反覆在琴鍵上彈著一直彈不好的段落。蘇菲聽我彈，要我再次重複頭幾個小節。她能聽出問題在哪裡，但我聽不出來，所以她嘗試好幾種辦法。蘇菲先是形容她希望聽到的東西，但我抓不到她的意思，於是她親自示範那個小節——這下子我懂了，也聽出箇中區別，但還是彈不來。蘇菲試了好幾種解釋方法都不成功之後，就把手擺在我的手上方，微調我的手腕角度，突然間，我彈起來就順多了——那是無法靠言語表達的肢體解決法。

蘇菲找到辦法，解開我無法跨越的難關。她找出我的問題所在，協助我解決。我認為這是「傳承」的基本精神：以交談、對話的形式傳下去，而不是一個單向的過程。蘇菲依據數十年的經驗，指出當下對我有幫助的事。當然，蘇菲本身必須知道如何彈奏那個段落，但也要知道如何傳授給我，找出點通我的方法。傳承並不是蘇菲親自示範她會、我不會的事就結束了，那樣無法幫助我學習。重點是我，我這個學生卡在學琴之路的早期階段。我發現我試著指導一般科醫師時，就像蘇菲為我這個學生做的事。我和蘇菲已經成為自身領域的專家，現在我們在找辦法傳承下去。

有很長一段時間，我把音樂當成工作的調劑，從來沒想過學音樂與學習動外科手術有相似之處。然而，如果把焦點擺在**如何**學習，而不是學到的**內容**，那麼兩個領域的例子立刻成為同一件事——專家級的老師會找出辦法，協助學習者理解與執行。這樣的溝通無法光靠書本做到，甚至有影像也不足夠。這件事發生在你的身體、另一人的身體，以及環繞你們兩人的實體世界的交會點。專家級的老師知道如何示範，讓人看到無法言傳之事，還會在當下點出對你最重要的關鍵。老師必須找到問題所在，然後師生一起試著解決。

我想知道蘇菲是如何辦到的。當然，她已經走過本書所有專家走過的相同過程。她完成了苦熬與磨練期，做過無聊的重複性工作。她花了多年時間練習音階，學習樂理，精進演奏技巧，掌握了曲目，也研究自家領域的歷史。

蘇菲在教學時，先找出一件學生感到困難的事情，處理那個問題。蘇菲很厲害，一下子就能找到癥結點。有時問題和理解樂曲的結構有關。有時是技術問題，比如改變一手的角度、調整一個指法細節，甚至只要坐得離琴鍵近一點，就能解決。有時問題比較大，乾脆另選一首曲子才行。

最重要的是蘇菲懂得聆聽，接著採取行動。我們上課時，由於旁觀者清，當局者迷，蘇菲能留意到我無法留意的地方。她能發現我錯過的樂句表達細節，因為我光是注意「彈奏」這件事就焦頭爛額。我努力在正確的拍子、以正確的順序按下正確的琴鍵，但蘇菲不只聽見我彈奏的音符，還注意到音符的間距、樂句需要呼吸的地方。蘇菲指出我彈不好的段落，確切點出我沒注意到的問題。蘇菲的專家耳朵能夠聽見我錯過的事。

蘇菲從解決我的技巧問題著手，因為我認為那是我的問題所在，也是我需要協助的地方。然而，蘇菲的視野看見更全面的景象。她注意到技巧難度以外的事，包括我的自信和我練習與演奏的方法。蘇菲引導我踏上她走過、但我尚未經過的領域。我知道這些年來，她已經走完我在本書中提過的各個階段，而今她用相關的經驗來協助我。

我在倫敦帝國學院的同事艾倫．史皮維（Alan Spivey）是合成化學教授。他也是以類似的方式協助班上的學生。師生花了很多時間學習事實與理論，上「實務課程」，學習實驗室的技巧與技術。學生必須一絲不苟，留心觀察，記錄下細節。你在找出新的化學反應時，一丁點的不同就會影響成敗。然而，技術上的精確只是其中一環。學生累積更多經驗之後，還會自行設計並執行實驗，製造與測試新型化合物。

在艾倫心中，合成化學師的重點是把對於分子結構和化學反應的理解，連結至實務工作。他有辦法近距離關注結構性的細節，也有辦法從宏觀的角度，看出細節對於實驗設計的影響。不是每個人都有這樣的能力。艾倫表示，學生不一定能把理論知識整合到實驗室的工作。艾倫試著讓學生以他的方式思考——在成為研究科學家的路上，「像個化學家般」思考。那是一個漫長的過程，並非所有的學生都能抵達終點，有許多人卡在半路上。

不再卡關

「門檻概念」(threshold concept) 可以協助我們思考剛才提到的過程。相關理論指出，學習不會一路暢通無阻，必須走過不同的階段。每通過一道門檻，將獲得更深入的一層認識。你必須定期重新架構現有的知識，最終你的思考方式將有如專家級的音樂家、科學家、醫生或工藝師，而不只是做他們做的事。然而，那天來臨前，有一段時間你得奮力克服「不易處理的知識」(troublesome knowledge) ——你已經理解的零碎資訊，卻無法融會貫通。有時候，你會發現自己「卡住了」。

有些人幾乎是無限期地卡在原地。我剛進醫學院時，我去看的那位家庭醫師就是這樣。他永遠記不住頸部細部構造的名稱。第三章提過，我試著拋接五顆球的時候也面臨同樣的狀況。我和那位家庭醫生都理解我們要嘗試的事。我懂雜耍的物理原理，也曉得手該擺在何處，但就是無法掌握實作的部分。一直到今日，我依然卡在原地。我懂得原理，卻無法將個別要素拼湊起來。我認為這種事的發生頻率遠比想像中還高，因爲就算不完全理解，人類還是可以擁有很高的執行力。記不住頸部細微構造的名字，並不影響我身為醫生照顧病患的能力，但那是他必須避開的盲點。學生如果具備一定的能力，只是無法融會貫通，老師就可以幫上很大的忙。

對我的雜耍老師安德利亞來講，拋接五顆球的簡單程度，就和我練了一陣子之後拋接三顆球一樣。不過，不曉得為什麼，我就是無法像安德利亞一樣，進步到五顆球。部分問題出在我身上。我沒投入足夠的時間練習，讓身體協調。然而，安德利亞不曾卡在那樣的地方，所以找不出對我來說不易處理的知識，也無法協助我加以克服。我教的一般科小手術班上的麥克，也碰上同樣的情形。我無法理解為什麼麥克做不到我示範的動作，因此也想不出解決辦法。

門檻概念理論的研發者揚・梅爾（Jan Meyer）與雷・蘭德（Ray Land），談到將尚未連在一起的元素整合起來的難度。一旦你跨越門檻，繼續前行，事情將水到渠成，你將體驗到不同的認識方式——直到抵達下一個門檻。你需要協助才能破關，因此需要老師。值得留意的是你跨越門檻後，新的認識方式帶來的不適感會迅速消失。那就是為什麼有的教師似乎不懂學生為什麼會覺得那麼困難：學生花了很多力氣試圖掌握的東西，老師早已駕輕就熟。

裁縫師約書華今日已是專家，可以回顧師傅當年的教學，知道哪些地方行得通、哪些地方行不通——接著把那樣的經驗應用在他與學徒的互動上。約書華跟的第一位師傅是縫製師羅恩，他的專業技術沒話說，但不太懂如何傳授給徒弟。他堅持要約書華模仿，完全照做，但不解釋原因，也不太允許提問。假使約書華問他為什麼要以某種方式做事，羅恩會當他在頂撞。羅恩很嚴厲，又不提供協助。儘管嚴格的批評很重要，羅恩不肯解釋原因的後果，就是約書華有很長一段時間弄不清楚自己究竟做錯了什麼。

約書華的第二位師傅是剪裁師亞瑟，他是個完全不同類型的老師，充滿探究的精神，希望約書華也一樣。亞瑟毫不吝嗇花時間，把手藝的基本原則傳授給約書華，還允許約書華獨立自主。亞瑟認為循序漸進很重要，只在他認為有必要推一把的時候才開口批評，大部分時候則是讚美約書華做得好的部分。當亞瑟真的給出負面評價時，約書華就知道自己「罪有應得」。最重要的是，亞瑟教會約書華服飾的設計與構造原則，讓約書華有信心展翅高飛。

向經驗不如自己的人分享專業知識，是另一種從「你」轉變到「他們」，不過這次的「他們」是指學習者，而不是觀眾、顧客或病患。有時你傳授技巧或流程，移除學生無法進步的阻礙。有時你要鼓勵學習者堅持下去，畢竟我們都有過垂頭喪氣的時刻。有時你要協助學生處理出乎意料的狀況，犯錯之後重新站起來，培養自信，決定職涯道路。這種教導、訓練與激勵的能力，一眼就看得出來，但是很難定義。

回到我的小手術課，我試著向一般科醫師解釋我理解、但似乎無法用言語解釋的事物。我試過在課堂上講授，口頭描述器材與技巧，但是行不通。就連親自示範也解決不了問題。麥克這樣的人要實際操作才能懂。在操作課上，我觀察到每個人覺得困難的是哪個部分，並且想辦法從旁協助。我嘗試以各種方式講解、示範，通常只要試個一、兩次，學生就能懂了。

我班上的許多醫師當初選擇走一般科，原因是他們在當學生或初級醫生時，不喜歡外科。或許是因為這樣，當初帶他們的外科醫師，並沒有確認學習者理解手術外科的基本常識。那些資深醫師已經跨越了哈哈牆，不再記得五花八門的手術器材有多令人眼花撩亂，什麼持針器、動脈鉗，器材長得都很像，但用途完全不同。如果你用動脈鉗拿縫針，針會在鉗口的平行溝紋處打轉，無法穩穩夾緊，準確縫合。如果你用持針器拿起流血的動脈，你會夾碎組織，嚴重破壞血管。然而，不會有人告訴你那些事，他們以為你都已經知道。但如果從來沒人向你指出來，你怎麼可能會知道呢？

我在小手術的課程上，一開始沒能成功傳遞學習者需要的知識，弄得師生雙方都很沮喪。我後來嘗試蘇菲的作法，每當看到有人把結打得亂七八糟，或是拿不住針，我就會把手覆在他們手上，讓他們瞭解只要手腕稍微調一下角度，結果就會明顯不同。一旦抓到感覺，即刻豁然開朗。

「兩隻斑馬正在幹我的貓」

親自走過專家之路的各個階段，不代表你能記住當時的感受。本身是專家，不代表你就能教導別人。在對方至少先自行完成一部分的步驟之前，你無法把你的經驗傳授給他們。此外，你需要洞見、想像力、同理心與謙遜，才有可能回想起身處哈哈牆的另一頭是怎麼一回事。

我在職涯的起始階段有過類似的經歷。我當時回到母校曼徹斯特大學（University of Manchester）擔任醫學院的解剖助教。沒人向我解釋當助教要如何教學，所以我得邊做邊學。當時我已經取得醫師資格，在醫院當了一年實習醫師，在病房照顧病患，疲憊不堪。想到可以回學校教解剖，感覺是很棒的轉變。首先，我不必顧病人，也就是說整整一年不必隨時待命。再也不必徹夜被呼叫，就為了調整點滴和鬆開導管。

然而，示範解剖學帶來一條陡峭的學習曲線。系上的教授直接假設我「不知怎地」就會教書，但其實我並不知道。我每個星期帶四組不同的學生看身體的相同部位。學生十人一組，每組有一具大體，在上午或下午時段解剖。雖然我私底下想替自己的外科考試做準備，但我清楚自己在系上的主要職務是教會這些一年級的大學生。我的外科考試內容，絕大多數跟這些學生毫無關聯，我不能用過多的細節害他們頭昏腦脹。我的工作是「示範」，我得當名嚮導，向他們介紹醫生需要知道什麼。

擔任嚮導不只是傳遞解剖學知識或解剖技巧就夠了，還得理解學生有哪些地方不懂。我在過程中培養出解剖學老師的聲音。我試著重返學生的角度。那不是太困難，因為我的解剖學知識也不過超前他們一步而已。我分享自己感到有用的事物，例如我在當學生時靠生動的記憶法學習。有的背法記住後，就永遠忘不了，有如登山襪上甩不掉的鬼針草。雖然現在要我單獨回想顏面神經的五種終末支，我會講得不太順（顳支〔temporal〕、顴支〔zygomatic〕、頰支〔buccal〕、下頷緣支〔marginal mandibular〕、頸支〔cervical〕），但「*Two Zebras Buggered My Cat*」（編按：這句話直譯是「兩隻斑馬正在幹我的貓」，但作者只是利用每個單字的開頭字母提示自己）這條口訣忘都忘不了。

我發現教師最大的挑戰是決定「不要」指出哪些事。老師很容易拋出一大堆東西，讓學生消化不良，其實通常少即是多。教學技巧就是找出一、兩個需要改善的地方就好，而且是學習者有辦法做點什麼的地方，剩下的以後再說。蘇菲在教大鍵琴時就是那麼處理。她不會抓著明顯的缺失不放，例如音階不整齊或彈錯音，因為她知道那些東西可以之後再修正。蘇菲只會指出我沒看出來的毛病。

剪裁師亞瑟教約書華時也是一樣，不挑小毛病或簡單就能修正的事，而是把注意力放在讓約書華掌握裁縫的原則。

這兩位有經驗的老師，一次只瞄準一件能改善的事。兩人的指導方式都讓學生能夠前進並建立自信，也都展現出關懷的精神。

我到了很後來，才開始熟悉李夫．維高斯基（Lev Vygotsky）的研究。這位蘇聯心理學家的理論，對我自己的學習方法產生深遠的影響。維高斯基在一九三四年過世，其後數十年間，他的研究在西方仍然不太為人所知，但這些年來他的社會建構主義影響力日益增大。維高斯基提出的概念包括「近側發展區間」（zone of proximal development，簡稱 ZPD），意思是任何學習者都有已經能完成的事。在此同時，外頭有一大片對他們來講遙不可及的區域。中間地帶則是他們自己做不來、但在專家的協助下能做到的事。那個中間地帶就是 ZPD。教師在這一區扮演關鍵的角色，在必要的時刻從旁輔助，但也懂得學生不再需要幫忙時，放手讓他們去做。當你在練習漸漸能抓到訣竅的事物，只需打磨得更完善一點，你不會喜歡有人在你耳邊嘮叨。如同興建中的摩天大樓，經驗老到的老師會暫時提供鷹架。一旦建築物能支撐自身的重量，就把鷹架拆掉。蘇菲在琴鍵上調整我的手部位置時，她是在我的 ZPD 指導我，提供我一個新的角度，讓我自行完成。我在當解剖助教時，我進入學生的 ZPD。我在教一般科醫師動小手術時也一樣。第八章提過，我和其他醫生一同觀看彼此如何看診的影片時，現場的睿智指導者克萊夫也有類似的作法。不論你從事哪一行，一定得有人在你的 ZPD 協助你。此外，擅長辨識學習者的 ZPD 界線在哪裡，也是傳承的一部分。

剪裁師亞瑟快退休時，鼓勵約書華接下更多責任。有一天，亞瑟說：「下一個進來店裡的新客人，由你來接。」約書華和新客人初步交涉，約好下次來量尺寸的時間，但客人解釋家族有一個重要聚會，他需要立刻拿到西裝。聽到這項特殊要求，約書華以為師傅會接手，但亞瑟沒有，只告訴他：「哎呀，看來你動作得快一點了，不是嗎？」亞瑟評估約書華的 ZPD 範圍，提供他在高壓下工作需要的自信，放手讓他展翅高飛。

身為老師的你無法永遠主導，到了一定的時間就得放手，不能一輩子照看著。你不能永遠在下指導棋，也不能強迫人們以你的方法做事。你必須允許學生或團隊成員有機會犯錯，自行負起責任。人就是這樣學習成長的。傳承的重點是人們需要你的時候，你在。人們不需要你的時候，你退居幕後。

地圖與嚮導

所謂的「傳承」需要什麼？這條專家之路的最後一個步驟是什麼？你已經成為師傅，替他人的學習承擔起責任。我認為傳承的意思是同時擔任嚮導、導師與教練。以下用地圖的隱喻來解釋。

你一步步朝著成為專家的目標邁進時，需要有人指點迷津。在接受磨練的早期階段，你需要有人下指示，告訴你某件事該怎麼做。在你當學徒時，事情就是那樣運作的。就好像你在城市裡送貨時，使用手機上的衛星導航。你必須從「所在地」前往「目的地」，系統告訴你如何抵達。系統沒叫你思考，只期待你按著指示做。你耳邊的聲音說：「兩百碼後左轉。」如果你切實遵照指示，幾乎必能抵達正確的地點。然而，你不知道你的路線是如何配合那一區的路況。在這個階段那不重要——只要你按照吩咐做，你已經完成人們對你的期待。

約書華製作口袋蓋，法布里斯清掃髮廊地上的頭髮，還有我在抽血時，我們都是按照指示做事，都是在使用衛星導航。至於我們是否抓到大方向，沒有人感興趣。其他人只想要我們做他們指定的事。師傅會檢查我們是否按照他們的吩咐去做，如此而已。

一段時間後，你更加瞭解這份工作，此時衛星導航的指示已不敷使用，你需要地圖。你漸漸知道該往哪裡去，你發現抵達的方式有好幾種。踏上實體的旅程時，你帶著簡略標出路線的道路地圖集出發。你從鄉村的A點抵達B點時，這種地圖集能協助你挑選路線。我念醫學院時拿到的也是這種地圖，上面列出我需要背誦及參考的經典。然而，解剖學、生理學、疾病與療法的詳細資訊，一開始看似跟生活脫節，和我在真實生活中碰到的任何事都不相關。約書華也一樣，他在製作口袋蓋的時候，覺得做這些事莫名其妙，直到口袋蓋成為西裝外套的一部分。

起初，一切感覺像是混亂的資訊，我無法決定哪些重要、哪些不重要。這就是為什麼需要講師、導師與解剖學助教。你需要有人幫忙確認你選的路線有道理。

一旦上路，最好有更詳細的地形圖可以參考。你從使用道路地圖集，改成英國地形測量局（Ordnance Survey，簡稱OS）的地圖。OS地圖除了大道與小徑，還會標示丘陵、河流、建物和原野。然而，儘管你可以規畫自己要去哪裡，就連OS地圖也無法告訴你，你到了現場會碰到什麼。你得處理各式各樣地圖上沒標出的事物，包括新蓋好的建築物或是位置改變的圍籬門與柵欄。你必須應付壞天氣、迷路、疲倦，以及其他所有和越野之旅有關的挑戰。此外，你必須一邊走，一邊詮釋所有的事物，整合地圖知識與你在現場看到的東西。

繪製地圖的人不一定是使用地圖的人，不一定會提供你需要的資訊。相較於新搬來的人，已經熟悉某一帶、經驗豐富的散步者，不再那麼需要詳細的環境資訊。因此，繪製地圖的人如果是熟門熟路的地方人士，他們會提供令人火冒三丈的簡略指示。你得鑽進他們的腦袋，才曉得地圖到底在畫什麼。你只要錯過一道門、一個柵欄出入口或拐錯了彎，就會叫天天不應，叫地地不靈。圖上沒有資訊能幫助你找出自己在哪裡、該如何回到原本的路線。

旅遊指南或使用手冊能在此時派上用場，但寫旅遊書的人往往會假設讀者知道某些資訊。我最近讀過一本指南，上頭寫著：「穿越下一片原野，朝山毛櫸下方的那匹雜色馬前進。」作者顯然以為，他當天看見的景象是固定不變的。

誤以為別人是你肚裡的蛔蟲，發生這種事的機率高到難以想像。有的老師會因為學生看似無法抓到重點而火冒三丈。那種老師就是犯了這類型的錯誤。事實上，老師有責任找出並配合學習者的知識量與理解程度，而不是從自己想教的東西著手。此時，你不只需要地圖或旅遊指南，你還需要人類嚮導。

一路前進時，你通常會發現地圖不管用了。我成為一般科醫生時，我的地圖大都幫不了我。我原本是外科醫師，多年來治療病患時，已經有人幫忙把病患的問題分類好，標明為需要「外科」協助。然而，我轉任一般科醫師後，突然成為診斷的第一線。我不僅得回想十年前在醫學院學到後立刻忘掉的事，還得在新環境裡找到路。

我的病人有的情況很嚴重，需要立刻採取行動。這種事我很熟悉，也很有信心。然而，民眾來看病時，更多時候是為了一些常見的小毛病，其實根本一段時間就會自動好轉，不必看醫生。我一開始不太會判斷那些小問題到底是不是重大疾病的徵兆，經常反應過度，誤以為從前沒碰過的簡單問題需要轉診。然而，我很多時候根本無從將病人分類。來看病的人會說：「醫生，不知道怎麼了，我就是覺得不舒服。」或是經典的主述：「我隨時都覺得累。」我不知道他們出了什麼毛病，他們自己也不知道。我努力分辨可用來診斷的訊號與不重要的雜音。我看不懂手中的地圖，我需要嚮導。

嚮導已經走過你正在走的路，他們知道會發生什麼事。你要是偏離正軌，他們會告訴你，教你如何回到正確的道路上。我在當外科醫師時，嚮導包括帶我的主任醫師、我身處的實務社群裡的醫師、協助我學習的護理師與其他專業人士。然而，儘管嚮導有義務確保你會抵達你要去的地方，他們的責任也只到這裡而已。只要你安全抵達目的地，他們責任已了。你抵達後要做什麼、接下來要去哪裡，與他們無關。那些事不只需要嚮導，你需要的是導師，甚至是教練。

到目前為止，我在談旅程時，都是假設目的地已經設定好。你獨當一面之後，從學徒階段走向熟手階段，接著走向師傅階段，一路上你得做出很多的決定。同樣地，當你讓重心「從你變成他們」，培養自己的聲音，也必須選擇你要去哪裡。此時，你需要有人關心你的個人前途，導師的用途就在這裡。

我成為一般科的住院醫生時，有幸碰上這樣的導師，日後又碰上我的指導人克萊夫。約書華遇到啟發他的剪裁師亞瑟時也是一樣。我見過的所有專家都提到了導師的角色。傳承不只是提供技巧或流程的訓練。傳承的意思是當別人踏上你走過的道路，你將從旁培養他們、支持他們。

然而，地圖永遠不是中立的。地圖呈現的是繪製者想讓你看到的東西，不一定是你需要知道的事。優秀的導師會教你懷疑地圖，告訴你解讀地圖時要運用判斷力。經濟學家修馬克（E. F. Schumacher）一九七七年的著作《迷途指津》（*A Guide for the Perplexed*），提到自己某次在冷戰時期使用地圖的經驗：

> 幾年前，我造訪列寧格勒，我看著地圖，試著找出自己在哪裡，但就是找不到。從

我站著的地方，看得到幾座宏偉的教堂，但地圖上完全沒有那些教堂的蹤影。後來終於有通譯過來幫忙，告訴我：「我們的地圖不畫教堂。」我指著地圖上標示得一清二楚的一間教堂，反駁他明明就有。「那是一間博物館。」通譯說：「不是我們所說的『活教堂』。我們只有『活教堂』才不標出來。」

我這才想起，這不是第一次我拿到的地圖上頭，沒標出許多就在眼前的東西。從小學一路到大學，我拿到的人生地圖與知識地圖，上頭幾乎沒畫出我最關心的事物，也沒畫出大概是我人生中最重要的道理。我想起曾經有好多年，我困惑到了極點，但是沒有通譯來幫我。一直要到我不再懷疑自己是否精神健全，改而懷疑是地圖不完整之後，才不再質疑自己。

與眾不同

回到小手術課的麥克身上。麥克突然知道我在講什麼了。他稍微挪動一下手的位置就成功了，他有辦法打結，縫線的鬆緊度也對了。然而，我還是覺得不應該這麼困難才對。喝咖啡休息時，我問麥克他認為問題出在哪裡。

麥克告訴我，他從小就有點笨拙，不過他也沒多想，以為自己天生不靈光，直到最近他接受一些測試，才發現自己其實有輕微的運動障礙（dyspraxia），那是一種與協調有關的發展障礙。我從來沒想過，麥克無法拿好手術器材或打結，有可能源自潛在的生理問題。我發現傳承不只是告訴別人你知道的事那麼簡單，也不只是展示你能做到的事，而是在**他們**成為專家的旅途上，設身處地陪他們走一段路。傳承的重點不是身為老師的我，重點是麥克，以及他需要什麼。

接下來，在本書最後一章，我要問專家為什麼對我們所有人都很重要。

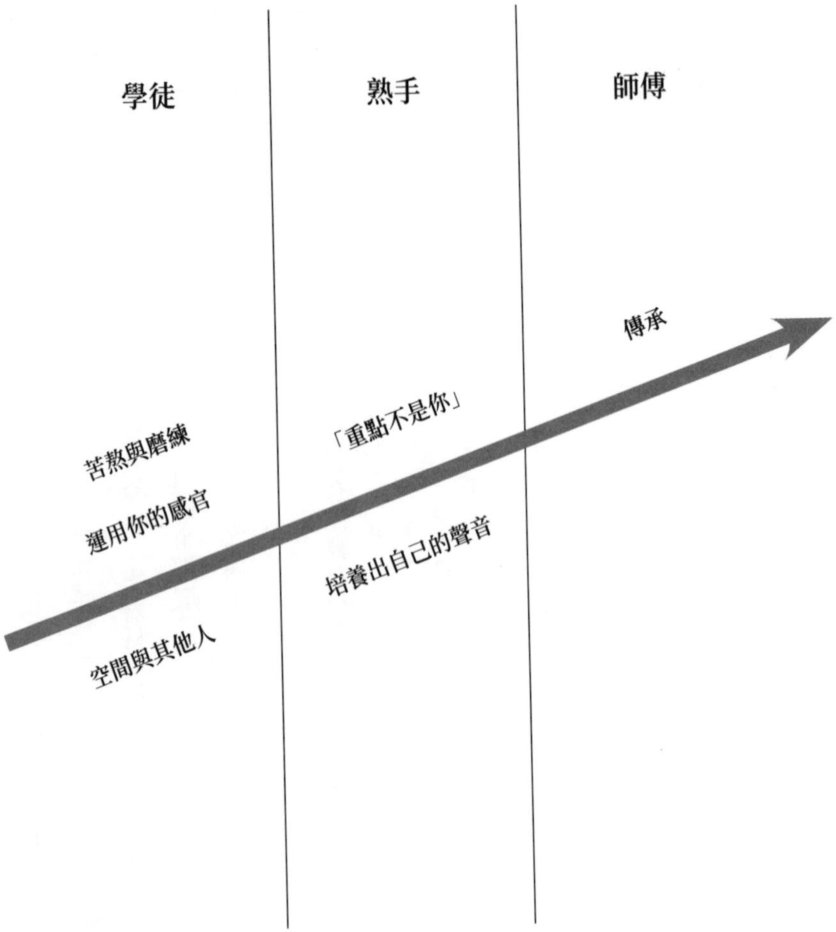

學徒
熟手
師傅
傳承
「重點不是你」
苦熬與磨練
運用你的感官
培養出自己的聲音
空間與其他人

12 專家的重要性

我發現家中出現壁癌，打電話給朋友推薦的專家理查（Richard）。理查聽我描述問題，在我家地下室繞了一圈，看看牆壁，看看地板。他拿出儀器，得出幾個讀數，考慮一下之後，大致解釋他認為問題出在哪裡。他建議了幾種可能的解決辦法，並推薦他認為最理想的選項。出乎我的意料，理查建議最不花錢的那一種。

我向理查請教，他是如何決定要給客戶什麼樣的建議。他解釋自己從事這一行已經近四十年，我家這種房子，他碰過很多。他見過類似的問題許多次，嘗試過各種解決辦法。雖然近期有新型的材料與技術問世，他感到以我家來講，最好採取保守的作法。他相信自己建議的方法可以解決問題，只不過他無法百分之百確定。萬一沒解決問題，還可以探索其他方法。我和他講好，那就這麼辦吧。

儘管我的朋友先前已經表明，理查處理壁癌的技術一流，我並沒有直接的證據證明這一點。我是和理查這個人打了交道，才決定把房子交給他──他是那個領域的專家。理查的第一步是找出我的問題。他不只是想著儀器的讀數，也沒想要趁機大賺一筆，而是運用自身的經驗，提出我們兩人都覺得合理的前進方式。我信任他，相信他說的話，因為我相信他是專家。理查所做的就是我在當臨床醫生時做的事，也是裁縫師約書華及本書提到的其他專家十分擅長的事。

專家告訴我們什麼

我們都需要理查這樣的專家，原因是我們仰賴他們的技能；我們碰上問題時需要專家來解決，生病需要醫生，搭飛機需要機師。家裡地下室有問題，需要請專家來處理壁癌。然而，今日有關於專家的說法經常令我感到憤怒。本章是全書最後一章了，我將解釋原因。

我很常聽到有人說專家不重要──在這個快速變遷的世界，專家不再具有價值。人們把專家當成無用的菁英。然而，當我們生病、搭飛機或是房子出現壁癌，就知道實情絕非如此。

不過，專家提供的服務只是專家很重要的其中一個原因。**成為**專家是生而為人的基本精神。重點不在於我們最後是否**被視為**專家、獲得同儕與世界廣泛的認可——重要的是，我們變得更擅長自己努力去做的事。不論我們的興趣是什麼，花費多年時間投入值得投入的事，可以滿足人類的深層需求，也就是沉浸在提升自身境界的事物之中。

我在本書追蹤成為專家的內在過程。相較於敘述性知識或「專家知識」的組成技能，很少有人書寫這樣的心路歷程。部分原因出在知識與技能比較容易展示與測試。然而，也有可能因為距離太近反而看不清楚，忘記自己在努力成為專家時走過的各個階段。不論你當時感到有多不容易，**破繭重生**的經驗一下子被拋在腦後。然而，最重要、最有價值的東西，就是那個變身經驗。成為專家的意思是我們把精力用在有目的、有意義的事物上，發揮所有人都擁有的潛能，超越無聊的日常生活，抵達嶄新的境界。

成為這樣的專家是在脫胎換骨，不僅僅是你懂多少知識、你能做哪些事那麼簡單。我在本書中區分把焦點放在過程的「知」，也就是水電工、裁縫或外科醫師的技術與程序性知識，以及背後出現的轉變。成為專家涉及了許多事：包括你與工作、服務對象、工作夥伴之間的關係；你得以將素材發揮到極致；判斷何時該行動、何時該暫緩；以及放手讓人去嘗試、去犯錯，因為你知道他們必須學習。

我認為不論我們是否意識到這件事，我們所有人都有能力成為專家。當然，不是每個人都能成為在全球巡迴演出的鋼琴家、外科先驅、知名雕刻家，或是榮獲諾貝爾獎的科學家。那也不是大部分人想做的事情——若想成為諾貝爾獎得主，就得一輩子為科學而活。然而，我們都走在某條道路上，都做著自己在乎的事，也有辦法精益求精。不論是參加籃球社，上班時在同事面前簡報，或是學習外語、上陶藝課、設計電子試算表，本書提到的概念都會引發你的共鳴。成為專家的意思是，認識自己的潛能並加以發揮。成為專家這件事有如深海洋流，表面上或許看不見，但是影響深遠。

我們顯然需要專家，只是我們經常把專家當成不同世界的人，沒發現我們其實都能成為專家，或者至少朝專家的方向前進。雖然本書提到的標本師、裁縫師與魔術師，活像是另一個世界的人，我們都能立志達到同樣的目標，只不過程度不同，以及感興趣的領域不同。然而，我們經常沒能發現這些專家和我們的經歷其實有著相似之處。我們沒有把專家當成自己的榜樣。

本書提到的所有專家都有一個共通點：他們做的事決定了他們是誰。這句話的意思，並非「成為專家」只和主要的職業有關。你熱中的事情，在別人眼中可能不過是「嗜好」而已。然而，許多人在嗜好方面的專業程度，勝過所謂「正經」的工作。

成為專家這件事，不必看社會如何評估你的作品價值，因為社會隨時在改變。此外，也與名氣或金錢無關。重點是你踏上的道路。如果你正走過本書提到的階段（我相信所有人都是如此），不論你是水電工、機師，或是把畫畫當興趣，你就是走在成為專家的路上。

我試著呈現這趟旅程的真實情形。這條路不會一路直通山巔，比較像難以通過的山隘。你可能得往下走，繞過障礙，才能繼續前行。你可能碰上低潮，感覺卡在原地，甚至後退。然而你得堅守信念，永不放棄，最終才能發現這條路確實會把你帶到更高處。成為專家需要時間——很多很多時間。

我希望本書反駁了任何事都能速成的講法。我注意到網路上有課程宣稱只要一個月，就能讓你學會語言、演奏樂器，或是成為投資銀行家。然而，蜻蜓點水無法完整取代長期的努力。你無法在一個月內精通吉他，因為精通吉他沒有終點。你可以開始，但永遠不會結束。專家之路就是這一點極其迷人。

即便是在我們這樣瞬息萬變的社會，有的事不會改變。我們需要專家讓我們在全球移動，在生病時治療我們，修理出錯的設備或程序，創造出令人嚮往的美麗事物。當然，細節會改變，我們習以為常的事也會過時。我們今日多半不在暗房裡沖洗影片、不用手動打字機、不發電報，因此不再需要相關領域的專家。我們現在以不同方式創造影像、遠距通訊、寫下文字。很快地，現在的方式也會改變。從古至今，未來的發展永遠需要專家——需要的程度甚至更勝以往，因為我們的世界愈來愈複雜。機器人學、人工智慧、新型能源、遵守道德的資源管理——這些都需要仰賴專家。那些未來的專家，必須和今日的標本師德瑞克、木雕師安德魯、裁縫師約書華一樣，帶著使命感投入自己的領域。即便每位專家的領域截然不同，過程將是一樣的。

毒藥與營養

成為專家的機會，理應是我們不可剝奪的權利。我們人類就是這樣實現潛能。不過，這是一個緩慢的過程，不符合及時行樂的要求。今日的趨勢是認為任何人都能學會做任何事——而且是快速做到。實情卻非如此。要成為專家，就必須堅守某樣東西，大幅超過你一般會堅持的時間。當然，光是不放棄，不會讓你自動成為專家，很多人重複做一樣的事，卻沒有太大的進展——就跟我練習雜耍一樣。

所有的有機過程都一樣，成為專家需要養分。這裡所說的養分，包括引導與鼓勵、從錯誤中學習、有機會和你的素材和工作夥伴相處，以及允許自己發揮個性。我已經描述過這條道路，你在出發時就像是成為學徒。我也講了各領域專業人士的故事，他們要到加入工作坊、工作室或髮廊，職涯才真的起步。然而，故事永遠有特定的背景。我們在整個童年時期沉浸在感官的世界，體驗這個世界，認識周遭的人。在家、在學校，累積內在的感覺庫、知識庫與技能庫，日後也持續累積。我們需要體驗所謂的觀看、聆聽、觸摸、嗅聞、品嚐；與人合作；共用空間，協調彼此想做的事。我們從出生的那一刻起，就已經展開專家故事的第一章。

然而，在世上許多地方，孕育專家的環境遭受到了威脅，英國也一樣。相關威脅包括永遠要求每一件事加快速度、學校的課程範圍縮小，以及用新自由主義的心態看事情——每件事都從利潤的角度出發，把短期利益看得比長期價值更為重要。社會接觸減少，以實體方式參與物質世界的機會消失，這種現象也讓壓力變大。矛盾的是，我們愈是全球化，地方孤立的情形卻更加劇。一起實作的機會日益罕見。

糾纏不休的電子郵件與社群媒體，正在讓專注力一點一滴消失。緊急的事物被排在重要的事物前面，必須立刻回覆的壓力令人招架不住。不論是食物、閱讀或工藝，循序漸進的作法被抨擊，慢慢學習的精神抵擋不住少花點力氣、少用資源，就能快速取得文憑的政治壓力。證書的美意，因為不管什麼事都要拿來考試而扭曲。然而，量化學生學到的東西，卻不管他們是如何學到，相當短視近利。

年輕人被剝奪全面發展潛能的機會。新人在專業領域起步時，我們預期他們擁有閱讀、寫作、算術等基本技能，懂電腦，瞭解身旁的世界。我們期待他們對實體世界有著基本的認識，這種認識是多年在家中和學校累積出來的。我們期待每個人能以同理心理解共事的人，有責任感，留意彼此的安全。如果我們無法再把那樣的做人處世能力視為理所當然，我們必須做點什麼來補救，或是願意花時間等待成熟。我們知道成為專家所需的條件，卻任由那些條件被摧毀。

我注意到我任教的大學就發生了這種現象。直到近日，我們都能假設一年級的學生入學時，具備一定的基本能力。他們已經在家裡和學校學會用雙手做事。用剪刀剪紙、用膠水黏東西、提筆寫字、綁鞋帶、將線打結——這些技能理應在童年就學會了。當然，有的人手比較巧，或是自信心比較強，但你可以假定基本的技能大家都會。此外，年輕人已經透過音樂、戲劇、舞蹈，學會在別人面前完成一件事。即便程度不及傳統意義上的優秀表演者，也擁有重要的經驗。

近年來，我和教學同仁發現再也不能做這樣的假設。進入我們大學理工科與醫學系的年輕學子，課業成績都十分優秀，但很多人連綁緊一個結都辦不到，無法用剪刀好好剪出形狀，或是在他人面前發言。雖然看一眼英國公立中學的課程安排就能瞭解原因，但我的學生來自全球各地，我不禁懷疑這是全球普遍的現象。

美術、設計、音樂、舞蹈、烹飪，以及其他需要心靈手巧與表現能力的科目，從課程中刪除。就連理科都以抽象方式教學，學生很少有機會進實驗室自己做實驗。上課時，老師為了節省時間，也為了確保實務課會「成功」，事先幫學生量好實驗用的化學物質。制度化的風險趨避讓人不再有機會犯錯，年輕人不再體會到搞砸之後修正是怎麼一回事。

另一個危險的傾向是我們的生活被分割與分類。「做」被丟給美術教室，但美術教室廢止了。表演只發生在音樂或戲劇領域，但音樂課與戲劇課被刪去。這是太不幸的悲劇。我們剝奪人們與生俱來的權利——自信地與周遭的物質世界互動。我有次和北倫敦一間學校的校長聊，他的話嚇到我，他說有的學生無法握住筆，不會用剪刀，因為他們從來沒有機會嘗試。不是學校不願意讓孩子接觸，恰恰相反。問題出在數十年來資源不足，再加上人們缺乏對專家養成過程的認識。這不只是今日進入體系的年輕人的問題，而是所有人的問題。

急於求成的危害特別大。螢幕的視覺資訊占據絕大部分的注意力，讓問題更加明顯。年輕人在網路上觀看科學家，學習化學實驗，而不是親自動手做。科學的聲音與氣味被抹去。人們成為觀看者，而不是參與者。科技降低了感官的豐富度，獨厚視覺，忽略了其他感官。

各位一路讀下來就知道，我全力支持科技。我這本書是用筆電寫的。我在一生的職涯中，身邊的夥伴都使用創新的尖端科技。我一想到每個新世代都將擅長我現在仍想像不到的事物，就感到興奮。我要說的是，我們應該利用技術進展與社會變遷豐富我們的體驗，而不是變得貧乏。

此時此刻，我們正處於危機之中。如同世界上其他角落正在消失的生物棲息地，我們的技能瀕臨危險，我們甚至沒注意到它們正在消失。統計數據令人擔憂。自二〇一〇年以來，英國創意科目的入學考生人數已經減少超過兩成。設計工藝下跌超過五七%。「做」的技能從課程中移除。人們認為理科比文科有用，而科學裡沒有人文的位置。這是危險的假設，目光短淺到瘋狂的程度。

多年來，企圖讓系統「有效率」的短視計畫，已經掏空社群的專門技術。學者拉夫與溫格談的「新人與前輩齊聚一堂」的作法正在消失。成為專家被當成個人的事，而不是集體的事。然而，本書所有的案例都顯示，我們朝專家的目標邁進時有多依賴彼此，我們與實務社群密不可分。

這不是在懷舊，想念某種幻想中的黃金時代。傳統的學徒制度有諸多缺點，助長霸凌與剝削，要求不人性的工作量，把制度置於人之上。學徒制通常會扼殺企圖心，讓人無從實現潛能，在早該獲得提拔的時候，依舊把人綁在沒有出路的角色，或是根本不允許參與。

只是一切不是全然無望。實務領域會有消長，但專家之死的報導被過分誇大。成為專家仍然是基本的人類需求，每個人都該有機會追尋這條路。威脅真實存在，但可以抗衡。本書提到的真實人物正是活生生的例子。他們示範了我提到的原則：長期而細心地關注有價值的事物。你必須持續投入，但辛苦會有斬穫；此外，你必須把他人的需求放在自己的欲望之前；即便你的興趣不是主流，還是要努力做到最好。

剛才提過，專業知識的生態系統需要養分，我們全都有責任提供那樣的養分，包括幫忙加油打氣的環境、基本的物質需求獲得滿足、加入志同道合的團體。營養豐富的環境，讓人有機會獲得肢體技能與事實性知識，培養對素材和人的敏銳度。

最大的挑戰或許是缺乏耐性。學習者需要時間與協助。道理如同林中的樹木，要有長期的成長與成熟過程才能產出專家。專家和樹木一樣，成長過程中不能被連根拔起移植，把精力浪費在長出新根，而沒用在繼續往上生長。

一切按照應有的方式進行時，踏上專家之路有如人際關係，具有維持與豐富的可能性，而且可以提供很大的滿足感，促成一生的禮尚往來。如同其他的長期關係，專家之路沒有明確的終點。這條路夠寬廣、夠有彈性，足以包容你的成長與進步，和你一同愈變愈好。

專家之路有終點？

所以說，當個專家是什麼意思？你怎麼知道自己已經成為專家？事實上，永遠不會真有那麼一天，專家之路沒有終點。因此在本書的最後，我要分享這次寫書的心得，當成一面鏡子，反映一些概念。

這是我獨立寫作的第一本書，我並非專業級的作家。然而，這不是我第一次寫東西，這本書是我的寫作專家之路的一個里程碑。這個過程始於國小，我在學校學習字母表的字母，把字母拼在一起，組成簡單的詞彙。這些年來，從學生測驗、一般科醫師的轉介信，再到論文、科學期刊，我寫過很多東西，但一直要到開始寫這本書，我先前走過的那些階段才完整串在一起。

我在閉關苦熬寫作時，運用感官，回應他人寫下的東西，把點子去蕪存菁。我開始知道自己想成為什麼樣的寫作者，小心翼翼地掌握素材，力求簡練，但不能失去中心思想、過猶不及。我嘗試不同的作法，行不通的時候就重來一遍。

我最初把焦點放在自己身上，我想表達一些事。不過接下來，我必須完成「從你到他們」的轉換，從我想寫什麼，轉而寫作別人讀起來感到有意思的東西。我得思考我的文字將引發什麼反應，開始培養自己的聲音、風格、個人特質。今日的我努力整合一切，說出數十年來我試圖清楚表達的概念，以及如何將自己的領域帶往不同的方向。

我進一步，退兩步。我得即興發揮，回應周圍的情境與我遇到的人。我不斷重新整理概念，想辦法以新鮮的方式表達，但我現在必須停筆了。我知道本書永遠不會有完美的一天。醜媳婦總要見公婆。你遲早要表演你一直在練習的東西，與他人分享，繼續往前走。我的編輯改寫詩人梵樂希（Paul Valéry）的話：書永遠沒有完稿的一天，你只能決定何時放下。

我認為那種永遠沒有收工日的概念，恰巧是專家修練之路的精神。那是一種永無止境的過程，帶有遙不可及的目標，但能夠滿足我們所有人心中的渴求。這種精神呼應了第四章安德魯所說的話：「我試著用木雕版拓印出完美的畫作，嘗試了超過四十年，還是沒做到，我知道自己永遠辦不到，但不會停止嘗試。」這也是約書華所說的世上沒有完美的西裝，但他會持續努力做出這樣的成品。我發覺當醫生也一樣，沒有所謂完美的手術，也沒有完美的看診，但我們永遠不該停下嘗試的腳步。專家的修練之路就是這麼一回事。

謝詞

本書源自我數十年間與無數人士的對話與合作。雖然在此無法完整唱名，我欠下的人情數也數不清。任何嘗試列過神仙教母邀請名單的人都知道，你永遠可能漏掉該寫下的重要人士。萬一我不幸犯了這種錯，乞求上帝我能逃過粗心的傳統下場。

本書引用了多位專家的真知灼見。他們極度慷慨地挪出時間，分享洞見，提供鼓勵，深深影響著我的思考，其中幾位數度出現在我的故事裡。自從十多年前我們頭一次見面，約書華・拜恩（Joshua Byrne）就一直形塑我的思考。我們的對話替本書打下基礎。花兒・歐克（Fleur Oakes）、理查・麥多葛（Richard McDougall）、威爾・豪斯頓（Will Houstoun）、法布里斯・倫格（Fabrice Ringuet）、蘇菲・葉慈（Sophie Yates）協助我以全新的方法思考專家旅程的步驟。

保羅・傑克曼（Paul Jakeman）、安德魯・戴維森（Andrew Davidson）、德瑞克・弗郎頓（Derek Frampton）、鄧肯・胡森（Duncan Hooson）、菲爾・貝曼（Phil Bayman）、凱薩琳・柯曼（Katharine Coleman）、約翰・羅納（John Launer）、約瑟夫・尤瑟夫（Jozef Youssef）都從不同的觀點給予啟發。安德魯・加利克（Andrew Garlick）、艾倫・史皮維（Alan Spivey）、克莉絲蒂・弗勞爾（Kirsty Flower）、瑪塔・阿吉馬（Marta Ajmar）、梅林・史爵治威（Merlin Strangeway）、連恩・諾伯（Liam Noble）、露西・萊恩斯（Lucy Lyons）、大衛・朵蘭（David Dolan）、傑洛米・傑克曼（Jeremy Jackman）、瑞秋・沃爾（Rachel Warr）、大衛・歐文（David Owen）、迪米崔・貝羅斯（Dimitri Bellos）、瑪格・庫柏（Margot Cooper）、山姆・嘉列文（Sam Gallivan）、佛羅倫絲・湯瑪士（Florence Thomas）、哈洛・艾利斯（Harold Ellis）、瑪麗・尼爾蘭（Mary Neiland）、柯林・畢克諾（Colin Bicknell），協助我延伸點子。

我已經在正文提過在藝術工作者協會舉辦的「線的管理」研討會。其他活動還包括「用你的手思考」（Thinking with Your Hands），以及我命名為「表演科學的藝術」（The Art of Performing Science）的帝國學院座談會。相關活動同樣幫助我的思考成形，為我的點子帶來肥沃的土壤。保羅・克拉多克（Paul Craddock）在所有的活動中扮演著重要的角色。

符號學者與教育家岡瑟・克雷斯（Gunther Kress）讓我的思考出現重要轉向，他在二〇一九年六月驟逝。我們十多年的對話，讓我得以發展我在本書提到的概念。岡瑟是啟發我的導師，也是最真誠的朋友。我無法以言語表達懷念之情。

啟發我的人士還包括泌尿科醫師約翰・韋克漢（John Wickham），我在本書的尾聲提過這位醫療先驅。約翰在二〇一七年十月離開人世，享壽八十有九。我認為他代表著專家的精神：溫和、謙遜、仁慈。他是我的標竿、我的朋友。和約翰合作的醫療同仁麥克・凱雷(Mike Kellett)、史都華・格林葛拉斯(Stuart Greengrass)、克里斯・羅素(Chris Russell) 與東妮・雷博（Toni Raybould）全都鼎力相助，約翰的遺孀安（Ann）更是慷慨的化身。

許多朋友讓我的想法進一步發展，尤其是茱莉亞・安德森（Julia Anderson）。回顧過往，我的導師艾文・馬奈爾（Aylwyn Mannel）、安迪・霍爾（Andy Hall）、傑洛米・鄧肯・布朗（Jeremy Duncan Brown），也在我的臨床歲月指引我，支持我。我在威爾特郡特羅布里奇「羅芙米德聯合醫療」（Lovemead Group Practice）的一般科合夥人，同樣不斷地支持我，尤其是傑洛米・布拉布魯克（Jeremy Bradbrooke）與已故的史蒂芬・

亨利（Stephen Henry）。

本書開頭提到的傑出組織藝術工作者協會，帶給我非常深遠的協助。我在書中提到的許多專家案例，當事人都是協會的會友兄弟（Brothers，「兄弟」為傳統叫法，今日已是不分性別）。除了他們的個人洞見帶來了啟發，他們組成的團體更是讓我跳脫原本的思考。受邀成為他們的一員是我的榮幸。我要特別感謝陶藝家與前會長普魯・庫柏（Prue Cooper）。

我要感謝倫敦帝國學院等機構的眾多同仁，包括費南多・貝羅（Fernando Bello）、克絲汀・達爾林波（Kirsten Dalrymple）、黛博拉・內斯多（Debra Nestel），他們都是我的老友兼長期夥伴。我也非常感謝皇家音樂學院的同仁亞倫・威廉蒙（Aaron Wil-liamon），他是我的朋友、同事，也是我在皇家音樂學院與倫敦帝國學院表演科學中心的共同主持人。

我也要感謝帝國學院外科教育教育碩士班，以及協助我發展想法的學者與博士生，包括安・葉（Anne Yeh）、薩沙・哈里斯（Sacha Harris）、艾力克斯・寇普（Alex Cope）、塔姆金・庫敏（Tamzin Cuming）、莎朗・韋登（Sharon Weldon）、克勞蒂亞・施勒格爾（Claudia Schlegel）、傑夫・貝茲莫（Jeff Bezemer）。我要感謝貝瑞・史密斯

(Barry Smith）不吝於分享他的點子與洞見。我也要感謝惠康基金會二〇一二年的參與研究員獎助金（Engagement Fellowship），讓我自由探索日後擴充成本書的各式點子。那次機會改變了我的人生。

我要感謝倫敦城市與公會藝術學校、皇家藝術研究院、葛雷莎姆學院（Gresham College），以及英國海內外的博物館與機構給予我發展點子的機會。此外，我要感謝好友威爾．李鐸（Will Liddell）第一個提醒我水裡有看不見的魚。

接下來，我一定要感謝我的編輯傑克．拉姆（Jack Ramm）。傑克帶來莫大的協助，他全心投入，思緒清晰，以無與倫比的方式支持我的寫作計畫——一言以蔽之，他懂得關懷。能與他合作是我的榮幸。我也要感謝康納．布朗（Connor Brown）與企鵝出版（Penguin Books）的全體員工。

最後，我要感謝我的家人。我的女兒愛蜜莉（Emily）與瑞秋（Rachel）聽到我要寫書都很興奮，也很鼓勵我，和我一起探索跨領域的點子。

我最要感謝的人是我的妻子杜希亞（Dusia）。言語完全不足以形容她帶給我的支持和啟發。本書要獻給她。

延伸閱讀

我的播客「Countercurrent」提供在本書登場的多位專家的延伸對話。請見：http://apple.co/2n5ROy1。

Bereiter, Carl, and Marlene Scardamalia, *Surpassing Ourselves: An Inquiry into the Nature and Implications of Expertise* (Open Court, 1993). 本書探索我在第三章提及的「例行性專業知識」與「適應型專業知識」概念。

Collins, Harry, and Robert Evans, *Rethinking Expertise* (University of Chicago Press, 2007). 兩位作者探討我在本書提到的「貢獻型專業知識」與「互動型專業知識」的概念。

Ericsson, K. A., and N. Charness, 'Expert Performance: Its structure and acquisition', *American Psychologist*, 49:8 (1994), 725-47. 艾瑞克森的研究影響深遠。這篇論文去蕪存

菁，談到他的終身研究提出的原理。

Graziano, Michael, *The Spaces Between Us: A Story of Neuroscience, Evolution, and Human Nature* (Oxford University Press, 2018). 這本好讀之作從神經科學的基礎出發，摘要說明作者數十年的個人空間研究。

Johnstone, Keith, *Impro: Improvisation and the Theatre* (Methuen Drama, 1981). 這本談即興的經典著作，幽默機智，一針見血又好讀。作者在書中解釋即興時「沒錯，還有就是……」與「沒錯，可是……」的關鍵差異。

Lave, Jean, and Etienne Wenger, *Situated Learning: Legitimate Peripheral Participation* (Cambridge University Press, 1991). 本書影響深遠又平易近人，主張學習發生在知識的應用情境裡。

McGilchrist, Iain, *The Master and His Emissary: The Divided Brain and the Making of the Western World* (Yale University Press, 2009). 引人入勝，令人信服，探索左、右腦不同世界觀的關係。

Meyer, Jan, and Ray Land, *Threshold Concepts and Troublesome Knowledge: Linkages to Ways of Thinking and Practising within the Disciplines* (Enhancing Teaching-Learning Environments in Undergraduate Courses Project, Universities of Edinburgh, Coventry and Durham, 2003). 門檻概念協助我們以實用的方式思考學習。這篇報告介紹了基本原則。

Neighbour, Roger, *The Inner Consultation* (Kluwer Academic Publishers, 1987). 我成為一般科醫師時，這本書讓我的思考出現轉向。本書聰明睿智、包羅萬象、跳脫正統的說法，讓我瞭解看診在醫療中扮演的重要角色。

Pallasmaa, Juhani, *The Thinking Hand: Existential and Embodied Wisdom in Architecture* (John Wiley & Sons, 2009). 這本小書提出挑戰，發人深省。作者在書中寫道：「世界各地依舊有無數的技能與大量沒被說出來的知識，藏在永不過時的生活模式與生存形態中。我們需要加以保存與復興。

Pirsig, Robert M., *Zen and the Art of Motorcycle Maintenance* (William Morrow and Company, 1974).（羅伯・波西格：《禪與摩托車維修的藝術》）。這本小說化的自傳，透過一場從明尼蘇達到加州的摩托車之旅，探索「質素」（Quality）的本質。高度具有影響力、獨樹一格，今日依然能衝擊思考，帶來挑戰。

Pye, David, *The Nature and Art of Workmanship* (Cambridge University Press, 1968). 這本小書點出作者大衛・派影響深遠的概念。今日離首度出版已有一陣子，但歷久彌新。

Sennett, Richard, *The Craftsman* (Yale University Press, 2008).（理查．桑內特，《匠人》）。作者桑內特是社會學家與音樂家，透過廣博的歷史脈絡，探索技藝的眾多面向，找尋優秀作品的意義。

Tamariz, Juan, *The Five Points in Magic* (Hermetic Press, 2007). 優秀魔術師寫的小書，介紹吸引並影響觀眾注意力的關鍵原則。

Wertsch, James, *Vygotsky and the Social Formation of Mind* (Harvard University Press, 1985). 本書談維高斯基的思想，精彩簡介維高斯基影響深遠的研究。

Wickham, John, *An Open and Shut Case: The Story of Keyhole or Minimally Invasive Surgery* (World Scientific Publishing Company, 2017). 這本微創手術先驅的精彩回憶錄，捕捉到當事人創新的精神、溫和的鋒芒與人性關懷。

國家圖書館出版品預行編目資料

專家之路：從學徒到大師／羅傑．倪朋（Roger Kneebone）著；許恬寧譯. -- 初版. -- 臺北市：大塊文化出版股份有限公司, 2021.08
312面；14.8×20公分. --（smile；173）
譯自：Expert : understanding the path to mastery
ISBN 978-986-0777-14-7（平裝）

1. 成功法　2. 技能學習

177.2　　110010426

LOCUS

LOCUS

LOCUS

LOCUS